MÜLLER • WIR STELLEN UNSEREN HUND AUS

Einbandgestaltung: Katja Draenert
Titelbilder: Iren Rohrer und Nelleke Meyer

Bildnachweis:
Gustopsowaya Barsois: S. 61
Una O'Connor: S. 56
Charlotte Hofer: S. 52
Jolanda Magirin-van de Pot: S. 49
Bernard Metraux: S. 82 u
Dr. Urs Müller: S. 9, 17, 32, 33, 35, 44, 59
Roberto: S. 27, 58, 73, 94
Patrizia Zjörien: S. 82 o
Brechtbühl: S. 20
Heiniger: S. 38
Barrie Croft: S. 76
Karl Donvil: S. 25
Johnson: S. 67
Barbara Müller: S. 29, 53, 75
Laurent Pichard: S. 37
Iren Rohrer: S. 13, 64, 65, 85, 95

Auf Grund der besseren Lesbarkeit und der allgemein üblichen Gebrauchsform werden in diesem Buch personale Begriffe in der Regel in ihrer männlichen Form benutzt.

Mein Dank gilt allen, die mir großzügigerweise Fotos zur Verfügung stellten, außerdem meiner Schwester Christina Bailey und meinem Mann Urs für die Unterstützung bei der Verfassung des Textes.

ISBN 3-275-01370-X

1. Auflage 2001

Lektor: Rosemarie Wild
Innengestaltung: PHG GmbH, 82152 Martinsried
Druck: Maisch & Queck, 70839 Gerlingen
Bindung: Karl Dieringer, 70839 Gerlingen
Printed in Germany

RATGEBER RUND UM DEN HUND

Barbara Müller

Wir stellen unseren Hund aus

Alles über Hundeschauen
Vom Anfänger zum Profi

Müller Rüschlikon

Vorwort

Hundeausstellungen, wie sie heute in ganz Europa und Übersee abgehalten werden, kann man als Spiegel der Rasse-Hunde-Zucht ansehen. Sie geben Züchtern die Möglichkeit, die eigenen sowie die selbst gezüchteten Hunde in Konkurrenz mit anderen Hunden der gleichen Rasse beurteilen zu lassen, und so zu erfahren, ob sie mit ihren züchterischen Bemühungen Erfolg haben. Zuschauern geben sie die Möglichkeit, sich über die große Rassevielfalt zu informieren und mit Züchtern und Hundebesitzern unverbindlich Kontakt aufzunehmen.

Warum nun dieses Buch?
Als langjährige Züchterin und Ausstellerin habe ich viel Erfahrung mit dem Ring-Training und Vorführen meiner Hunde sammeln können. Und als Richterin muss ich leider immer wieder feststellen, dass schöne, dem Standard in hohem Maße entsprechende Hunde nicht ihren Qualitäten angemessen gepflegt und trainiert vorgeführt werden. Dies geschieht nicht aus Mangel an Interesse, sondern hauptsächlich aus Unkenntnis der Materie. Die Folge sind leider allzu oft nicht sehr gut platzierte Hunde und überdies verärgerte Besitzer, die fortan Hundeausstellungen meiden werden.
Ausstellungen sind interessant, sie machen Spaß und Freude, wenn man gut vorbereitet ist. Hundeausstellungen können sogar süchtig machen, wenn der eigene Hund regelmäßig ausgezeichnete Platzierungen erreicht.
Mit diesem Buch möchte ich Hundebesitzer in die faszinierende Welt der Hundeausstellungen einführen und ihnen Tipps und Tricks verraten, wie man sich und seinen Hund vom Anfänger zum Profi ausbilden kann.

Barbara Müller
Bauma, im November 2000

Letzte Vorbereitungen im Ausstellungsring.

Ausstellung ist nicht gleich Ausstellung

Hundeausstellungen sind sehr vielfältig und unterschiedlich organisiert. Es gibt große, zwei bis drei Tage dauernde Veranstaltungen mit einer Meldezahl von insgesamt 3000–5000 Hunden aller Rassen und kleine Ausstellungen, an denen Sie maximal 30–40 Hunde der gleichen Rasse antreffen. Sie haben die Möglichkeit als Zuschauer oder als Vorführer Ihres Hundes an nationalen und internationalen Ausstellungen, Club-Ausstellungen und Zuchtschauen, Ankörungen und Zuchttauglichkeitsprüfungen teilzunehmen. Falls Sie Besitzer eines Jagdhundes sind, kann Ihr Hund auch an einer so genannten Pfostenschau beurteilt werden. Alle diese Schauen werden je nach Art der Ausstellung im freien Gelände oder in Hallen abgehalten.

Neben dem Richten der einzelnen Rassen finden auf großen Schauen vielfältige Rahmenprogramme wie Junior-Handling, Agility-Wettkämpfe, Obedience-Vorführungen und Demonstrationen von Hütehunden, Rettungshunden usw. statt. Da es sich hierbei zwar um sehr wichtige aber doch eher technische Informationen rund um das Ausstellungswesen handelt, finden Sie diese im hinteren Teil des Buches (s. Seite 74).

Ebenfalls finden Sie dort die Entstehungsgeschichte der Hundeausstellungen, die altersbedingten Klasseneinteilungen und die genauen Erklärungen und Bedingungen für die Vergabe der verschiedenen Formwerte, Anwartschaften und Titel. Ein Mini-Wörterbuch hilft Ihnen, die wichtigsten Ausdrücke und Abkürzungen wie BIS, CACIB usw. rund um das Ausstellungswesen zu verstehen.

Zu den eher technischen Angaben gehören auch die zehn verschiedenen FCI-Gruppen, in die alle zur Zeit anerkannten Rassen eingeteilt sind.

Hundeausstellungen: Zweck und Bedeutung für die Rassehundezucht

Über den Sinn und Zweck von Hundeausstellungen gehen seit jeher die Meinungen stark auseinander. Es gibt die absoluten Ausstellungs-Liebhaber, die regelmäßig und in den verschiedensten Ländern anzutreffen sind, ebenso wie die eingefleischten Gegner, welche von falsch verstandener Tierliebe oder gar von Tierquälerei sprechen.

Sicher ist, dass die Rassehundezucht ohne Ausstellungen auf die Dauer nicht existieren kann. Züchter müssen ihre Hunde von kompetenten, unabhängigen und unparteiischen Richtern in Konkurrenz mit anderen Hunden bewerten lassen können. Nur so können Züchter erkennen, ob sie auf dem richtigen Weg sind, ob die von ihnen gezüchteten Hunde dem Standard in ausreichendem Maße entsprechen oder ob sie sich davon entfernen, was im schlimmsten Falle damit enden könnte, dass ein Bobtail etwa die Außenlinien eines Bearded Collies erhält oder ein Dackel die Größe und das Gewicht eines Basset Hound.

Für Züchter bietet sich an Ausstellungen auch die Gelegenheit, sich unverbindlich und mit relativ geringem Zeitaufwand nach potentiellen Deckrüden umzusehen oder Nachkommen bestimmter Elterntiere genauer zu betrachten.

Es gibt viele verschiedene Wege, wie man zum geübten, passionierten Aussteller wird. In diesem Buch möchte ich Ihnen die zwei häufigsten Gruppen vorstellen.

In der ersten Gruppe finden wir den Aussteller, der bewusst auf eine zukünftige Ausstellungskarriere seinen Welpen bei einer erfolgreichen Zuchtstätte aussucht und ihn im Verlaufe der Zeit systematisch vorbereitet und aufbaut, im Alltag aber dennoch alle Freuden der Beziehung Mensch-Hund erlebt und genießt. Der Aussteller der zweiten Gruppe kommt eher durch Zufall, von Freunden oder einem Züchter animiert, auf die Idee, seinen Liebling an Ausstellungen vorzuführen.

Der Reihenfolge gemäß soll nachfolgend erst einmal auf die erste der beiden Gruppen eingegangen werden.

Der künftige Ausstellungshund

Alles beginnt mit dem Kauf eines Welpen

Korrekterweise muss es heißen: Alles beginnt *vor* dem Kauf eines Welpen mit der Auswahl der Rasse und des Züchters.

Sie möchten einen Hund erwerben und wissen, dass es Ihr langfristiges und erhofftes Ziel ist, den Hund auszustellen.

Als Erstes haben Sie natürlich die Qual der Wahl und müssen sich für eine bestimmte Rasse entscheiden. Der Besuch einer Ausstellung kann eine große Hilfe sein und bietet Ihnen, dank der enormen Rassevielfalt, die ideale Möglichkeit, Ihre Wunschrasse zu finden. Dort können Sie als Zuschauer Hunde aller Rassen und Altersklassen ansehen, mit den Besitzern Kontakt aufnehmen und sich so über alle wichtigen und rassetypischen Merkmale ausführlich informieren. Bitte bedenken Sie aber, dass Aussteller sehr oft nervös sind. Sie geben gern und bereitwillig Auskunft, aber erst nach dem Richten, wenn der Stress vorbei ist.

Als zukünftiger Welpenkäufer werden Sie »Ihren« Züchter genauer beobachten. Sie werden erkennen können wie er mit seinen Hunden umgeht, ob die gezeigten Tiere Ihren Wunschvorstellungen entsprechen und Sie werden vor allen Dingen auch beobachten können, wie sich die einzelnen Tiere in der doch etwas hektischen Umgebung benehmen.

Nach Beendigung des Richtens der verschiedenen Rassen am frühen Nachmittag bieten viele große Ausstellungen den anwesenden Zuschauern ein sehr interessantes Rahmenprogramm. Agility-Meisterschaften, Obedience-Wettkämpfe, aber auch Gänse- oder Schafe-Hüten durch Hütehunde gehören ebenso dazu wie Blindenführhund-Vorführungen oder Demonstrationen von Einsätzen von Rettungshunden.

Im Hinblick auf die angestrebte Ausstellungskarriere sollten Sie sich über die zu erwartende Pflege und natürlich auch den Charakter Ihrer Wunschrasse genauestens informieren. Was ich damit sagen möchte ist Folgendes: Wenn Sie jeden Tag bei Wind und Wetter mindestens zwei bis drei Stunden mit Ihrem Hund spazieren gehen

Das große Ziel.

wollen, müssen Sie gut überlegen, ob Sie nach dem Spaziergang noch die nötige Zeit für langwierige Fellpflege zur Verfügung haben und auch aufbringen wollen. Falls dies nicht der Fall ist, sollten Sie sich eher für eine kurzhaarige Rasse entscheiden. Bürsten, kämmen und baden Sie jedoch gern das Fell Ihres Hundes, so steht der Entscheidung zugunsten einer langhaarigen Rasse nichts im Wege. Das Gleiche gilt für die Größe und das Temperament der auszuwählenden Rasse. Als sportliche Person sind Sie in der Lage einen Afghanen, der sich nicht nur auf der Rennbahn, sondern auch im Ausstellungsring schnell und raumgreifend bewegt, gut vorzuführen. Sind Ihrer eigenen Bewegungsmöglichkeit aber Grenzen gesetzt, werden Sie sicher mehr Spaß daran haben, einen mittelgroßen oder kleineren Hund in entsprechender Geschwindigkeit vorzuführen.

Wenn nun Pflegeaufwand und Größe des zukünftigen Hundes in etwa

bestimmt sind, kommt die wichtige Frage nach den erwünschten Charaktereigenschaften.
Es gibt viele in Größe und Aussehen sehr unterschiedliche Rassen, denen ein stark ausgeprägter Schutztrieb angeboren ist. Um diesen Schutztrieb in geordnete Bahnen zu lenken, bedarf es regelmäßigen Trainings mit Gehorsams- und Unterordnungs-Übungen. Haben Sie dazu wenig oder gar keine Lust, empfiehlt es sich, nach einer gutmütigen und leicht zu erziehenden Rasse Ausschau zu halten.
Weitere Kriterien, die Sie vor Ihrer Wahl bedenken sollten, sind je nach Ihren Bedürfnissen und Möglichkeiten: Kinderfreundlichkeit, Geduld, Bell- und Jagdtrieb.

Kurz und bündig

Bei der Auswahl Ihres zukünftigen Ausstellungshundes sollten folgende Eigenschaften als gleichermaßen wichtige Kriterien im Mittelpunkt stehen:
- **Charakter**
- **Pflegeintensität**
- **Bewegungsfreude.**

Der Züchter

Haben Sie sich nun für eine zu Ihnen und Ihrer Familie passende Rasse entschieden, geht es an die Suche nach einem anerkannten Züchter. Kompetente Auskunft und Antworten auf die wichtigsten Fragen erhalten Sie bei dem für Sie zuständigen kynologischen Landesverband oder beim Rasseklub (Adressen im Anhang).
Entscheiden Sie sich, wenn möglich, für einen Ihnen sympathischen Züchter mit Ausstellungserfahrung, der nicht zu weit von Ihrem Wohnort entfernt seine Zuchtstätte betreibt und zu dem Sie wirklich großes Vertrauen haben. Sie wollen ja ein kleines lebendiges Wesen, ein gesundes, vierbeiniges Familienmitglied bei ihm erwerben und sind auf sein Wissen und seine Kenntnisse angewiesen. Jeder ehrliche und seriöse Züchter kennt die Qualitäten seiner Hunde und wird Ihnen die rassetypischen Merkmale genau erklären. Wenn er weiß, dass Sie sich nicht nur für einen Welpen, sondern auch für Ausstellungen interessieren, wird er mit Sicherheit versuchen, Ihnen die Auswahl eines Welpen zu erleich-

tern und Sie gut beraten. Der Züchter sieht, wie sich die verschiedenen Welpen des Wurfes in den ersten Wochen entwickeln und weiß auf Grund seiner Rassekenntnis und des täglichen Kontaktes, welcher der Welpen schon durch sein Gehabe und Benehmen ein gewisses Ausstellungspotential besitzt. Ebenfalls sieht er, bei welchem Welpen sich eine erfolgreiche Ausstellungskarriere eher schwierig gestalten könnte. Fragen Sie ihn auch ungeniert nach Ausstellungserfolgen seiner Hunde in den letzten fünf Jahren und ob er gewillt ist, bei der Vorbereitung und dem Ringtraining Ihres Hundes zu helfen.

Der Züchter wird Ihnen auch die rassebedingten Vor- und Nachteile von Rüden und Hündinnen genau erklären.

Ein erfahrener Züchter kann Sie kompetent und seriös beraten. Er kann Ihnen bei der bestmöglichen Aufzucht, bei der Pflege und beim Ringtraining helfen. Erwarten Sie aber bitte keine Garantie für einen zukünftigen Champion-Titel. Der Weg vom Welpen zum Ausstellungssieger ist lang und mit vielen Stolpersteinen gepflastert. Darüber hinaus sind Sie am Erfolg dieses Weges maßgeblich beteiligt.

Tipp Bevor Sie Ihren Welpen beim Züchter Ihrer Wahl kaufen, vergewissern Sie sich bitte unbedingt, dass die zum Welpen gehörende Ahnentafel vom Landesverband anerkannt ist. Sie sehen dies direkt am offiziellen Zeichen des Landesverbandes und am FCI-Logo auf der ersten Seite der Ahnentafel.

Ihr Welpe kommt ins Haus

Ihr Welpe ist nun bei Ihnen zu Hause und Sie beginnen mit der liebevollen aber konsequenten Erziehung. *Schon mit der ersten Erziehung können Sie Grundlagen aufbauen, die Ihnen und Ihrem Hund eine*

erfolgreiche Ausstellungslaufbahn wesentlich erleichtern werden. Besuchen Sie, wenn irgend möglich regelmäßig mit Ihrem Welpen eine in Ihrer Nähe organisierte Welpen-Spielgruppe (Adressen vermitteln Züchter, Landesverbände oder Rasseklubs). Diese Veranstaltungen werden Ihnen und Ihrem Welpen mit Sicherheit viel Freude bereiten und geben Ihrem Hund die Möglichkeit zu lernen, sich in der Hundewelt gut zurechtzufinden. Er lernt dort ohne Zwang, sozusagen im Spiel, sich mit anderen Hunden in fremder Umgebung gut zu benehmen. Meistens stehen unterschiedliche Beschäftigungsmöglichkeiten vom Tunnel bis zur Rutschbahn zur Verfügung und werden auch rege genutzt. Im Anschluss an das wichtige Spielen stehen erste Anfänge in der Erziehung auf dem Programm. Ihr Hund wird lernen zurückzukommen, wenn Sie ihn rufen. Er wird lernen an der Leine zu laufen, obwohl viele andere Welpen am gleichen Ort sind und Spielen doch viel schöner wäre. Er wird realisieren, dass Sie sich durchsetzen können und dies respektieren. Da er von Ihnen regelmäßig lobende Worte hört und zusätzliche Leckerbissen erhält, wird er versuchen alles mit Bravour zu bewältigen.
Mit 15 bis 16 Wochen ist Ihr Welpe dann zu alt für die Spielgruppe. Er braucht neue Erfahrungen mit vielen fremden Geräuschen, um sich auch in Zukunft ohne Probleme zurechtzufinden und nicht ängstlich zu reagieren. Gehen Sie mit ihm öfters in ein Kaufhaus oder wenn dies nicht erlaubt ist, an den Haupteingang, wo fremde Menschen hektisch hin und her rennen. Es eignen sich auch Bahnhöfe, Straßenbahnhaltestellen, Flughäfen, Geschäftspassagen und Märkte aller Art für dieses Training. Hauptsache Sie sind beide regelmäßig mittendrin im Getümmel und Ihr Hund gewöhnt sich an diese spezielle Atmosphäre. Das in den letzten Wochen zu Ihnen aufgebaute Vertrauen hilft ihm hierbei in entscheidendem Maße und gibt ihm die nötige Sicherheit. Bestimmt wird Ihr junger Hund Aufsehen erregen und bewundernde Blicke erhalten. Hundeliebhaber werden sogar versuchen, Ihren Hund zu streicheln und mit ihm schmusen wollen. Sehr gut, lassen Sie es zu, verbieten Sie es niemandem. Ihr Hund lernt so am einfachsten und schnellsten, nette fremde Menschen zu akzeptieren. Steht er dann später einmal im Ring, wird der Richter für ihn auch nur ein netter fremder Mensch sein, also etwas ganz Normales und nicht Beunruhigendes.

> **Tipp** Verlangen Sie bitte im Interesse Ihres Welpen nie zu viel von ihm. Fördern Sie ihn mit Ruhe und Bedacht, so wird er es Ihnen mit unbegrenztem Vertrauen danken.

Zahnwechsel und Gebisskontrolle

Im Alter von etwa vier bis fünf Monaten beginnt Ihr Welpe mit dem Zahnwechsel. Spätestens ab diesem Zeitpunkt sollten Sie das Gebiss regelmäßig ein Mal pro Woche kontrollieren. Erstens natürlich um den Welpen an die Gebisskontrolle zu gewöhnen. Viel wichtiger ist aber die Kontrolle des

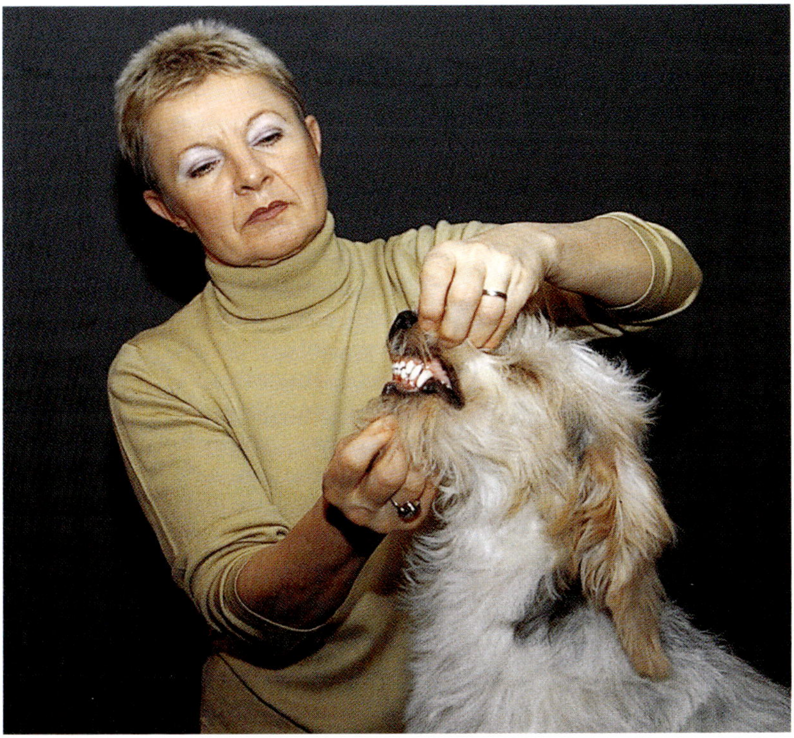

Zum Zähnezeigen werden nur die Lefzen sanft nach oben und unten gezogen.

korrekten Zahnwechsels. Es kann passieren, dass z. B. die Eckzähne des Milchgebisses nicht ausfallen wollen, die zweiten Zähne aber schon stark durchgestoßen sind und nun leider nicht genügend Platz finden, um in die richtige Stellung zu wachsen. Wenn Sie dieses Problem früh genug erkennen, können Sie mit gezieltem Wackeln die Milchzähne vermutlich lösen und ersparen Ihrem Hund einen Gang zum Tierarzt. Ähnliches kann beim Wechsel der Schneidezähne passieren. Wenn im Unterkiefer die Milchzähne nicht ausfallen, obwohl die zweiten Zähne schon da sind, erhält Ihr Hund eventuell einen Vorbiss. Vorbiss nennt man ein Gebiss, bei dem die Zähne des Unterkiefers vor den Zähnen des Oberkiefers stehen. Ist jedoch der Unterkiefer länger als der Oberkiefer, so kann der Gebissschluss nicht beeinflusst werden. Bei den meisten Rassen schreibt der Standard

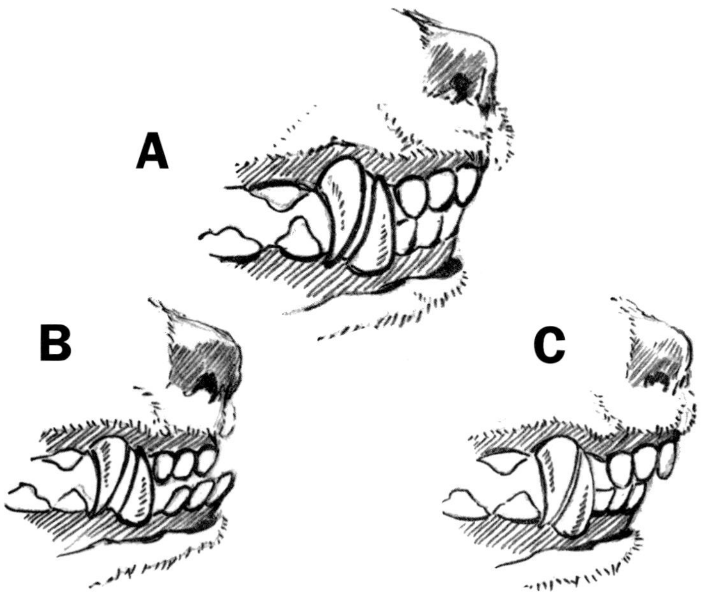

Gebissstellungen beim Hund.
A – Scherengebiss
B – Vorbiss
C – Rückbiss

aber ein Scherengebiss vor und ein Zangengebiss wird oft nur toleriert. Scherengebiss nennt man ein Gebiss, bei dem die Schneidezähne des Oberkiefers vor denen des Unterkiefers stehen. Zwischen den Schneidezähnen des Oberkiefers und des Unterkiefers darf bei geschlossenem Gebiss kein Abstand sein. Als Zangengebiss bezeichnet man ein Gebiss, bei dem die Schneidezähne des Oberkiefers direkt auf die Schneidezähne des Unterkiefers treffen wie bei einer Kneifzange.

Außerdem gibt es gelegentlich noch ein als Rückbiss bezeichnetes Gebiss. Hierbei haben die Schneidezähne keinerlei Kontakt miteinander, da der Unterkiefer wesentlich kürzer ist als der Oberkiefer. Diese Art von Gebiss ist fehlerhaft, hat aber mit dem Zahnwechsel nichts zu tun und kann auch manuell nicht beeinflusst werden.

Die Kontrolle wird Ihrem Hund beim ersten Mal nicht unbedingt gefallen, ist aber nötig und sehr einfach. Fassen Sie mit der einen Hand die Lefzen des Oberkiefers, mit der anderen Hand die des Unterkiefers, und ziehen Sie nun beide Lefzen sanft nach oben und unten auseinander. Zuerst vorn, um die Schneidezähne zu kontrollieren, und dann auf jeder Seite, um auch die Backenzähne – man nennt sie Prämolaren und Molaren – ansehen zu können. Die gleiche Prozedur wird sich Ihr Hund später ohne Knurren oder Murren von jedem Richter im Ring gefallen lassen müssen und es ist gut, wenn er es schon in jugendlichem Alter gelernt hat.

Das erste spielerische Training

Sicher bürsten und pflegen Sie das Fell Ihres jungen Hundes gern und regelmäßig. Er hat sich mit der Zeit auch sehr gut daran gewöhnt und genießt die ihm geschenkte Aufmerksamkeit und die extra Streicheleinheiten. Nun wird es Zeit, mit dem ersten leichten Ringtraining zu beginnen. Natürlich ist es nicht wichtig, dass Ihr Welpe mit drei bis vier Monaten schon perfekt stehen kann aber ... gelernt ist gelernt.

Allerdings muss ich Ihnen gestehen, dass meine eigenen Welpen in diesem Alter auch noch kein super Ringtraining erhalten haben. Mit dem folgenden Training konnte ich bis jetzt aber immer gute Erfolge verzeichnen.

Ich bürste und pflege alle meine Hunde regelmäßig auf einem so genannten Trimmtisch mit stabilen Füßen und einer rutschfesten Gummimatte über der Tischplatte.

Nach jedem Bürsten auf dem Tisch

versuche ich nun meinen Welpen für eine halbe bis eine Minute ruhig stehen zu lassen. Ich sage immer das gleiche Wort »Steh« und halte ihn während der Zeit mit der rechten Hand unter dem Kinn sanft fest. Will er gar nicht stehen bleiben, so nehme ich die linke Hand zu Hilfe und fasse damit zwischen die Hinterläufe oder unter den Rutenansatz und halte ihn auch dort fest. Diese Übung mache ich nie länger als eine Minute, denn mein Welpe bzw. Junghund soll unbedingt Freude an dieser Übung haben, es soll ihm Spaß machen. Nur ein freudig interessierter Hund wird später im Ring sein Bestes geben. Sobald die Zeit um ist, loben ich ihn in den schönsten Tönen, nehme ihn in den Arm zum Schmusen und gebe ihm die verdiente Extra-Belohnung. Selbstverständlich bekommt er einen seiner bevorzugten Leckerbissen. Bei dem einen Welpen ist es getrockneter Pansen, bei dem anderen sind es »Markies«. Ich kann mich aber auch noch gut an meinen roten Spaniel-Rüden »Robin« erinnern, der für Parma-Schinken wirklich alles tat, und dabei auch noch fröhlich mit der Rute wedelte.

Gutes Lernen wird belohnt.

Super!

Wenn Sie diese Übung ähnlich gestalten können, werden Sie verblüfft sein, wie schnell Ihr Welpe weiß, um was es geht und die für ihn schmackhaften »Erfolg« versprechende Übungen zu lernen bereit ist.

Sobald der Welpe gelernt hat auf dem Tisch *ruhig* zu stehen, beginne ich mit der gleichen Übung auf dem

Kurz und bündig

Jedes Training mit einem Welpen oder sehr jungen Hund darf nur von kurzer Dauer sein, soll ihm Spaß machen und unbedingt mit einem Erfolgserlebnis beendet werden.

Leber- oder kleine Hartkäsestückchen eignen sich ausgezeichnet. Es kommt aber in erster Linie auf den Geschmack Ihres Hundes an.

Junge Hunde setzen sich natürlich immer wieder hin. Da aber »Steh-Üben« auf dem Programm steht, gehen Sie einfach während der Übung ganz kurze Schritte zurück, sodass er Ihre Hand gerade noch erreichen kann. Er wird sehr schnell merken, dass er nur zu seinem Leckerbissen kommt, wenn er stehen bleibt, die Nase »lang macht« und sich *ein wenig streckt*. Die Betonung liegt hier auf *ein wenig streckt*, da Ihr Hund so ohne weitere Unterstützung Ihrerseits die Vorder- und Hinterläufe korrekt stellt und seine Halslänge sichtbar werden lässt.

Boden. Er wird jetzt sicher nicht mehr versuchen davonzulaufen, da er ja schon weiß was auf ihn zukommt und am Ende die extra Streicheleinheiten und der heiß ersehnte Leckerbissen auf ihn warten. Wenn ich aber merke, dass es noch nicht gut klappt, üben wir wieder auf dem Tisch.

Eine andere, ebenfalls Erfolg versprechende Methode ist die folgende: Sie stellen sich vor Ihren Hund und füttern ihn wiederum mit seinem liebsten Leckerbissen aus der Hand. Halten Sie ihm die Hand so hin, dass er sie ohne zu extremes Hochstrecken mit dem Fang erreichen kann. Versuchen Sie es einmal mit einem Brotaufstrich aus der Tube, z. B. »Le Parfait«. Dies schmeckt den meisten Hunden vorzüglich und hat den Vorteil, dass Ihre Hand danach nicht verschmiert ist. Auch sehr kleine gut gekochte

Ausstellen? Warum nicht?

Bis jetzt sind wir davon ausgegangen, dass Sie Ihren Welpen im Hinblick auf eine mögliche Ausstellungskarriere beim Züchter ausgesucht haben und dementsprechend aufzogen und förderten. Ich weiß aber, auch aus meiner ganz persönlichen Erfahrung, dass es zumindest beim ersten Hund meistens in umgekehrter Reihenfolge abläuft. Sie wünschten für sich und Ihre Familie einen jungen Hund. Die Rasse ergab sich möglicherweise durch einen Ihnen gut bekannten Hund aus der Nachbarschaft, oder Sie suchten in Hundebüchern nach einer für Sie passenden Rasse, die Ihnen einfach gefiel. Am Kiosk kauften Sie sich dann eine Zeitung, in der Züchter regelmäßig inserieren. Durch eine äußerst glückliche Fügung landeten Sie mit Ihrem Wunsch nach einem Welpen nicht bei einem der vielen Hundehändler, sondern bei einem vom Landesverband anerkannten seriösen Züchter, der gerade zum richtigen Zeitpunkt Welpen abzugeben hatte. Eine eventuelle Ausstellungskarriere strebten Sie zu diesem Zeitpunkt nicht an, Sie erhofften sich einen gesunden jungen Hund, der das Familienleben bereichern würde.

Gehen wir im Weiteren davon aus, dass Sie Ihren süßen Welpen im Alter von acht bis zwölf Wochen mit sämtlichen Papieren wie Ahnentafel, Impfzeugnis und Futterplan beim Züchter abholten und ihn als vierbeiniges Familienmitglied den Empfehlungen entsprechend aufzogen. Sie besuchten mit ihm eine Welpenspielgruppe und nahmen sogar an einem Erziehungs-Grundkurs teil.

Kurz gesagt, Sie waren glücklich und zufrieden mit Ihrem jungen Hund und wollten dies dem Züchter auch beweisen. Anlässlich des Besuches in seiner Zuchtstätte versicherte er Ihnen, dass Ihr Hund zu einem wunderschönen Vertreter seiner Rasse und seines Geschlechtes herangewachsen sei. Obwohl Sie natürlich schon immer wussten, dass Sie damals den schönsten Welpen aus dem Wurf ausgesucht hatten, freuten Sie sich über dieses Lob und sagten spontan zu, als der Züchter Sie bat, demnächst mit Ihrem Hund an einer Ausstellung teilzunehmen.

Im Prinzip spielt es keine Rolle, wie Ihr Wunsch an Ausstellungen teilzunehmen geweckt wurde. Entscheidend ist in erster Linie Folgendes: *Der auszustellende Hund muss in einem FCI-anerkannten Zuchtbuch eingetragen sein. Dies wird durch die offizielle Ahnentafel dokumentiert.*

Wichtige Voraussetzungen

Wichtige Abklärungen

Ausstellungen können zu einer Leidenschaft werden, wenn sich Aufwand und Ergebnis einigermaßen die Waage halten. Bevor Sie nun aber mit dem intensiven Ringtraining beginnen, sollten Sie unbedingt noch überprüfen, ob:

- das Gebiss Ihres Hundes die richtige Stellung hat. Je nach Rasse-Standard sollte dies eine Schere, einen Vorbiss oder eine Zange bilden.
- die Fellfarbe dem Rasse-Standard entspricht. Es gibt bei fast allen Rassen so genannte Fehlfarben. Oft handelt es sich um kleine oder größere weiße Flecken auf der Seite oder dem Rücken des Hundes, die ihn nicht im Geringsten stören, aber vom züchterischen Standpunkt her gesehen als grobe Mängel gewertet werden.
- falls Sie Besitzer eines Rüden sind, beide Hoden offensichtlich normal entwickelt sind und vollständig im Hodensack liegen. Abgesehen von England sind Monorchiden (Einhoder) und Kryptorchiden (ein- oder beidseitiger Hodenhochstand) von offiziellen Ausstellungen ausgeschlossen.

Fallen alle Antworten auf diese Fragen für Ihren Hund positiv aus, so ist eine erste wichtige Hürde auf dem langen Weg zum Ausstellungserfolg genommen.

Aber auch eine negative Antwort darf keinen Weltuntergang bedeuten. Sie lieben Ihren Hund und er wird sich Ihnen gegenüber nicht verändern, ob er nun an Ausstellungen teilnehmen kann oder nicht. Abgesehen davon haben Sie immer noch die Möglichkeit, bei den verschiedensten Hundesportarten erfolgreich teilzunehmen.

Der offizielle FCI-Rassestandard

Nun sollten Sie sich einen offiziellen Rassestandard vom Züchter, vom Rasseclub oder vom Landesverband besorgen. Gelegentlich ist der Original-Standard in einem Rasse-Buch veröffentlicht oder über das Internet, auf der Homepage der FCI, erhältlich.

Die Standards werden für alle anerkannten Rassen im jeweiligen Ursprungsland der Rasse erstellt und von der FCI bestätigt und herausgegeben. Sie sind für die Zucht im Allgemeinen und für die Ausstellungs-Richter im Speziellen absolut verbindlich. Im Standard wird genau beschrieben, wie ein erwachsener Hund der betreffenden Rasse aussehen sollte. Der Ursprung der Rasse wird genannt, die Verwendung, die FCI-Gruppeneinteilung und manchmal eine kurze geschichtliche Zusammenfassung. Die allgemeine Erscheinung, die wichtigen Proportionen, das erwünschte Verhalten und das Wesen, sämtliche Körperteile wie Kopf, Oberkopf, Fang, Kiefer, Zähne, Augen und Augenfarbe, Hals, Rumpf, obere und untere Linie, Brust und Tiefe, die Gliedmaßen und deren Winkelungen sind ebenso beschrieben wie die erwünschte Rutenhaltung, die Form der Pfoten, das Haarkleid und dessen Farbe, die Bewegung und die Größe. Außerdem werden in sehr vielen Standards auch die groben Fehler der Rasse aufgezählt.

Lesen Sie den Standard möglichst genau durch und versuchen Sie, ihn in Gedanken auf Ihren Hund zu übertragen. Zugegebenermaßen ist dies nicht einfach, sondern bedarf einiger anatomischer Kenntnisse und auch einem guten Vorstellungsvermögen. Ich möchte es Ihnen aber trotzdem unbedingt empfehlen. Sprechen Sie über das Gelesene mit Rasse-Spezialisten und lassen Sie sich die einzelnen Punkte genau erklären. Sie werden innerhalb kürzester Zeit sehr viel verstehen und in der Lage sein, Ihren Hund (zumindest für den Hausgebrauch) beurteilen können. Sie werden erkennen, welche kleineren Fehler Ihr Hund hat und diese Fehler durch geschicktes Präsentieren weniger auffällig werden lassen können.

Bedenken Sie immer, dass der hundertprozentig perfekt gebaute Hund vermutlich noch nicht gezüchtet wurde, dass es aber viele, dem Standard in sehr hohem Maße entsprechende wunderschöne Hunde gibt.

Der Richter wird Ihren Hund nach den Kriterien des Standards bewerten und je besser und geschickter Sie Ihren Hund präsentieren, je weniger Fehler wird er finden können.

Ich möchte Sie mit perfekter und profimäßiger Präsentation vertraut machen, wozu Sie mit etwas Übung durchaus in der Lage sein werden. Eine solche Präsentation hat nichts zu tun mit Farbmanipulationen am Haarkleid, Operationen an den Ohren, an der Rute usw., welche als Betrug zu betrachten wären und den Ausschluss von Hundeausstellungen zur Folge haben können.

Das Wesen des Hundes

Wenn ich bis jetzt nicht das Wesen eines Hundes als ersten und wichtigsten Punkt angesprochen habe, so ist das keineswegs böse Absicht oder Vernachlässigung. Natürlich sind in jedem Fall für Sie und jeden anderen Hundebesitzer das Wesen und die Gesundheit die allerwichtigsten Kriterien. Aber auf Ausstellungen wird vor allen Dingen die Übereinstimmung mit dem Stan-

Kurz und bündig

Aggressive Hunde sind bei Ausstellungen nicht willkommen – ganz egal, wie »schön« sie sind – und sollten zur Zucht nicht verwendet werden.

dard geprüft, für einen Wesenstest, wie er für viele Rassen anlässlich einer Ankörung oder Zuchttauglichkeitsprüfung stattfindet, hat der Ausstellungsrichter im Ring zu wenig Zeit. Er sieht lediglich wie gut oder weniger gut sich der Hund im Ring zurechtfindet, ob er sich unerschrocken, stark beeindruckt oder gar ängstlich zeigt und ob er normal und freundlich oder aggressiv ihm oder anderen Hunden gegenüber reagiert.

Selbstverständlich wird jeder Richter Hunde mit wesentlichen Wesensmängeln direkt aus dem Ring weisen.

Im freien Stand vorgeführt: Dieser Golden Retriever steht perfekt.

III. Ringtraining und Vorbereitung des Hundes

Die erste Ausbildung

In den vorangegangenen Kapiteln habe ich beschrieben, wie Sie Ihren Welpen an unterschiedliche Gegebenheiten, an die routinemäßige Gebisskontrolle und an die ersten »Steh«-Lektionen gewöhnen können. Natürlich dürfen Sie dies auch mit einem »Teenager« oder erwachsenen Hund probieren. Allenfalls brauchen Sie etwas mehr Geduld und Ausdauer, um zum Erfolg zu gelangen, was Sie aber nicht abschrecken soll. Einzig das Ergebnis zählt.

Als Familienmitglied ist Ihr Hund sicher schon recht gut erzogen und Sie dürfen im weiteren Training auf seinen vorhandenen Gehorsam aufbauen. Nun gibt es aber im täglichen Leben verschiedene Situationen, die mit dem Ausstellungsring nichts gemeinsam haben. Wenn Ihr Hund z.B. gelernt hat, sich sofort neben Sie hinzusetzen, wenn Sie stehen bleiben oder bevor Sie mit ihm eine Strasse überqueren wollen, so ist dies speziell bei dem heute herrschenden Verkehr sehr hilfreich und trägt zu seiner eigenen Sicherheit bei. Wenn er im Weiteren gelernt hat, direkt neben Ihrem linken Knie »bei Fuß« zu laufen, so dürfen Sie auf Ihren wirklich gut erzogenen Hund stolz sein.

Im Ausstellungs-Ring wird jedoch erwartet, dass Ihr Hund:

- **für eine unbegrenzte Dauer korrekt steht,**
- **freudig und locker, nicht zu eng neben Ihnen an der Leine im Schritt oder Trab in jede gewünschte Richtung läuft,**
- **sich vom Richter an allen Körperteilen ohne Probleme anfassen und kontrollieren lässt,**
- **sich weder gegen andere Hunde noch Menschen aggressiv verhält.**

Diese vier Punkte sind der Schlüssel für ein optimales Ringtraining.

Gut Ding will Weile haben

Bevor wir nun aber endlich zum wichtigen Ringtraining gelangen, möchte ich Ihnen unbedingt noch etwas anderes ans Herz legen: Hunde sind auch nur »Menschen«. Sie haben genauso wie Sie und ich gute

Dieser Irish Terrier hat gelernt korrekt zu stehen.

und mittelgute und leider auch schlechte Tage. Hunde fühlen sich auch nicht jeden Tag topmotiviert zum Lernen. Wenn Sie also merken, dass Ihr Hund an einem bestimmten Tag wirklich nur Blödsinn im Kopf hat und bei der Übung gar nichts herauskommt, reagieren Sie entspannt, nicht verärgert oder gestresst. Bemühen Sie sich, das Ganze mit einem kleinen Erfolg abzuschließen, sodass Sie ihn wirklich loben können. Der nächste Tag kommt bestimmt und sicher geht alles schon viel besser.

Die Ausstellungsleine

Zweifellos besitzen Sie für Ihren Hund ein schönes Halsband und die dazugehörende Leine, beides für den täglichen Gebrauch, in normaler Breite und dem Gewicht und der Robustheit Ihres Hundes angepasst. Im Ring, wo es in erster Linie um Schönheit geht, benutzen Profi-Aussteller jedoch immer eine spezielle Ausstellungsleine. Diese Leinen sind wesentlich dünner und eleganter und haben meistens kein separates Halsband, sondern am Ende eine Schlaufe, die mit einem Clip vergrößert oder verkleinert werden kann. Erhältlich sind diese Leinen meistens in guten Zoohandlungen, in Hunde-Salons und natürlich auf Ausstellungen.

Ich empfehle Ihnen, sich eine dieser Leinen zu besorgen und für jedes Ringtraining zu gebrauchen. Ihr Hund wird innerhalb kürzester Zeit begriffen haben, dass mit dieser Leine ein spezielles Training verbunden ist, dass Sie von ihm spezielle Leistungen erwarten und diese auch gern mit viel Lob und den besten Leckereien honorieren.

Liebe geht durch den Magen

Wenn Sie bis jetzt aufmerksam gelesen haben, ist Ihnen sicher nicht entgangen, dass ich sehr viel Wert auf ständiges Loben und ausgewählte, extrafeine Leckerbissen lege. Ich bin mir natürlich voll bewusst, dass manche Hunde-Trainer auf dem Standpunkt stehen, dass ein Hund hören, einfach hören muss. Ohne spezielle Streicheleinheiten und vor allen Dingen ohne Leckereien, mit denen er »bestochen« wird. Nun, diese Trainer mögen ihre Erfolge verzeichnen können, ich bestreite dies keinesfalls – meine Art und Weise ist es jedoch nicht.

Meine Cocker-Spaniel, Bobtail und ebenfalls die Petit Basset Griffon Vendéen gehören zu den fröhlichen aber manchmal recht dickköpfigen

Liebe geht durch den Magen.

und selbstbewussten Rassen. Warum soll ich also mit Gewalt etwas versuchen, wenn es mit Liebe und Geschick (sprich Leckereien) viel schneller und einfacher geht?
Also: »Liebe geht durch den Magen«, sagte schon mein Vater und ich glaube fest daran.

Das Steh-Training

Im Ring wird von Ihrem Hund erwartet, dass er über eine längere Zeit *korrekt* steht. Korrekt ist natürlich immer eine relative Bezeichnung und wir müssen herausfinden, was bei Ihrer Rasse korrekt überhaupt bedeutet. Bei einer meiner Rassen, dem Bobtail, steht im Standard, dass der Körper kurz und kompakt sein soll. Der Hals soll lang und anmutig gebogen sein, die Vorderläufe sollen absolut gerade stehen, die Hinterläufe breit gestellt sein und die Pfoten dürfen weder nach innen noch nach außen gedreht werden. Außerdem soll die Rückenlinie vom Widerrist zur Lendenpartie leicht ansteigen.
Bei der gedanklichen Übertragung dieses Standards auf meinen Hund werde ich versuchen, die Vorderläufe direkt unter den Widerrist (höchster Punkt des Schulterblattes) zu platzieren. Die Hinterläufe

werde ich relativ breit auseinander, aber nicht zu weit nach hinten stellen (nicht wie bei einem Deutschen Schäferhund), und natürlich werde ich immer darauf achten, dass der Kopf in natürlicher Haltung eher hoch erhoben ist und die Pfoten weder ein- noch ausgedreht stehen. Während des ganzen Vorganges soll mein Hund ruhig stehen bleiben, was wiederum eine Frage des guten Ringtrainings ist. Warum versuche ich nun, meinen Hund wie oben beschrieben hinzustellen? Wenn ich die Vorderläufe unter die Schulter und die Hinterläufe nicht zu weit nach hinten stelle, wirkt mein Hund optisch wesentlich kürzer im Gebäude, als wenn ich Vorder- und Hinterläufe wie bei einem Schaukelpferd schräg unter den Körper stelle. Abgesehen davon, würden die Lage der Schulter und des Oberarms nicht mehr den erwünschten Winkel ergeben, und durch das enorme Strecken würde die Rückenlinie in eine abfallende, anstatt ansteigende Position geraten. Die erhobene Kopfhaltung garantiert im Weiteren, dass der Hals seine beste Länge zeigt. Über die Positionierung der Pfoten muss nicht lange nachgedacht werden, ausgedrehte Hinterpfoten sind gleichzusetzen mit X-Beinen, sie werden auch als »kuhhessig« beschrieben, sind die Pfoten eingedreht redet man von O-Beinen. Aus- oder eingedrehte Vorderpfoten zeigen sich mehrheitlich bei losen Ellenbogen.

Bestimmt werden Sie nun verstehen, warum ich der Meinung bin, dass ein Standard zur Grundausrüstung jedes zukünftigen Ausstellers gehört und Sie ebenfalls versuchen sollten, diesen gedanklich auf Ihren eigenen Hund zu übertragen.

Das langfristig angestrebte Ziel des Steh-Trainings ist ein Hund, der etliche Minuten ruhig, aufmerksam und korrekt im Ring steht, und sich weder durch die hektische Atmosphäre noch durch andere Hunde oder Menschen aus der Ruhe bringen lässt.

Wenn Sie bereits mit Ihrem Welpen das erste spielerische Training auf dem Tisch absolviert haben, so kennt Ihr halbwüchsiger oder erwachsener Hund inzwischen die Spielregeln. Ist Ihr Hund nun aber zu schwer oder zu groß, um auf dem Tisch zu üben, beginnen Sie das Training direkt auf dem Boden. Hierzu muss ich noch sagen, dass es verschiedene kleine und mittelgroße Rassen, z.B. Lhasa Apso, gibt, die auf jeden Fall einzeln dem Richter auf dem Tisch präsentiert werden. Ebenfalls gibt es Rassen, z.B. Dackel, die frei stehen, d.h. sich ohne die manuelle Hilfe des Vorführers selbst korrekt präsentieren sollen, und andere Rassen, z.B. Terrier, die im wahrsten Sinne des Wortes »aufgebaut« werden.

Beginnen wir aber nun endlich mit dem Training, wie ich es bei meinen Hunden immer wieder praktiziere und Ihnen mit gutem Gewissen empfehlen kann.

Als Erstes kommen die Leckerbissen in eine bestimmte Tasche, und zwar so, dass mein Hund dies sieht. Dann wird ihm die Ausstellungsleine über den Kopf gestreift und wir gehen zu dem Ort, an dem ich mit ihm üben will. Es eignen sich:

- Garagenvorplätze,
- wenig befahrene Quartierstrassen,
- Parkplätze,
- Sportplätze usw.

Wichtig ist, dass der Boden möglichst eben und nicht rutschig ist. Zu Beginn des Trainings halte ich die Leine meistens in der linken Hand, wobei der Hund nach rechts schaut, um mit der Rechten sein Kinn zu kraulen. Solange er steht, sage ich in regelmäßigen Abständen mit ruhiger, freundlicher Stimme:»Steh«. Ist die Übung fertig, bekommt er seinen Leckerbissen und wird tüchtig gelobt. Dies mache ich drei bis vier Mal hintereinander und schließe mit dem letzten Leckerbissen die Übung ab. Nach wenigen Tagen weiß mein Hund im Normalfall, dass er ruhig stehen soll, und ich beginne die Zeit des Stehens zu verlängern, laufe auch mal um ihn herum und sage dabei immer wieder: »Steh«. Sobald er sicher stehen bleibt, beginne ich die Vorderläufe, erst den linken dann den rechten, an die korrekte Position zu stellen. Gelingt dies auch, nehme ich die Leine in die rechte Hand und platziere mit der linken Hand die Hinterläufe. Verändert er seinen Stand, so korrigiere ich ruhig den jeweiligen Lauf. Sobald er gut steht, stütze ich den Kopf und die Rute in der vom Standard gewünschten Art und Weise.

Diese Übungen, man nennt sie »gestellte Position«, führe ich regelmäßig durch. Selbst an Ausstellungen gewöhnte Hunde benötigen ab und zu eine Auffrischung des Gelernten und ich ehrlich gesagt auch.

Um die Hinterläufe korrekt zu platzieren, gibt es noch die sehr oft von Profis praktizierte Möglichkeit, bei der man dem Hund zwischen die Läufe fasst und ihn, ganz kurz nur, ca. 1 bis 2 cm hinten von Boden hochhebt und sofort wieder hinstellt.

Einige Rassen, z.B. Retriever, Schlittenhunde und Welsh Corgies werden meistens auf eine andere Art aufgebaut oder präsentiert. Der

Diese Bildserie zeigt, wie verschiedene Fehler vom Vorführer gemacht werden können.

A: Nikitas Hinterbeine stehen zu weit unter dem Körper, dies verändert die Rückenlinie nachteilig.

B: Die Überwinkelung vom Sprunggelenk abwärts zur Pfote entsteht, weil Nikita nicht richtig auf den Pfoten steht, bzw. weil sie sich hinsetzen will.

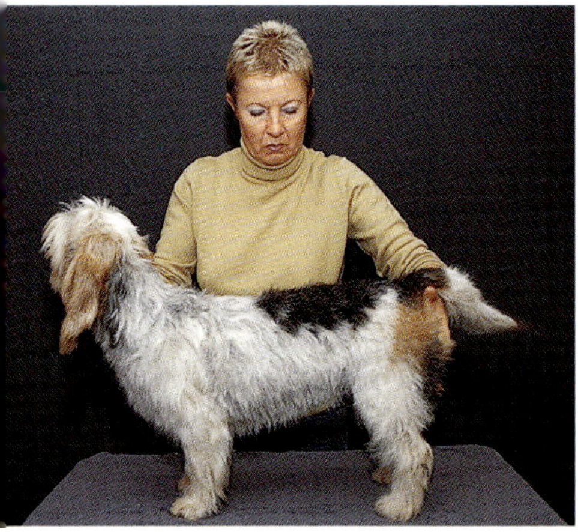

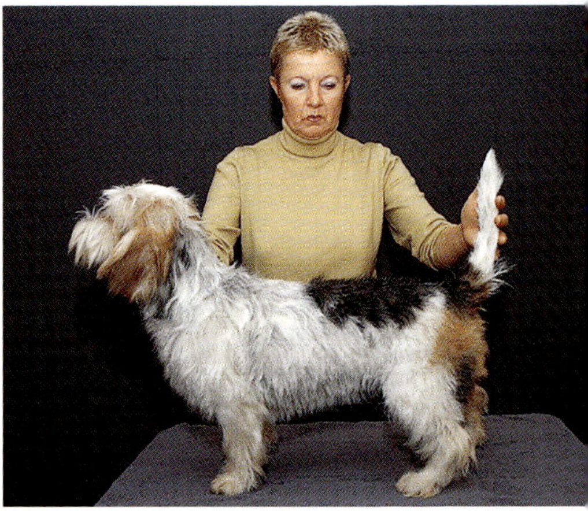

E: Hier sehen Sie, was passiert, wenn die Hinterläufe zu weit nach hinten gestellt werden: Die Winkelung ist nicht mehr sichtbar und die Hündin zu lang.

F: Nikita steht recht gut, ich drücke aber die Rute viel zu weit über den Rücken.

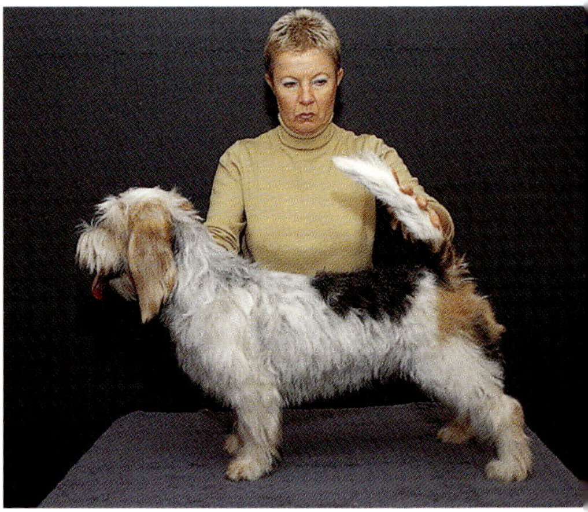

C: Meine Hand unter dem Bauch von Nikita veranlasst sie, den Bauch hoch zu ziehen. Dabei entsteht ein Karpfenrücken.

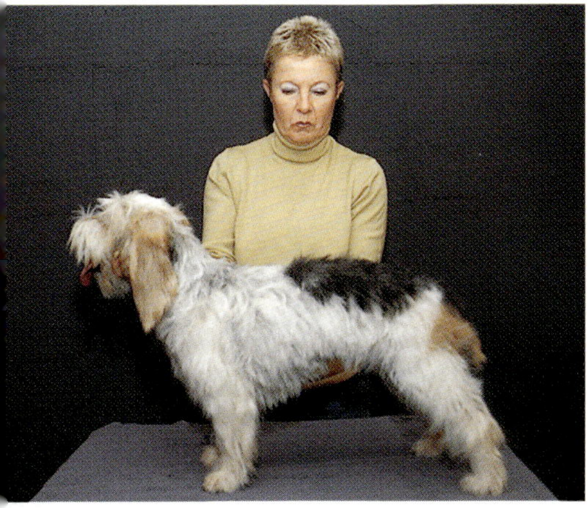

D: Hier halte ich Nikitas Kopf zu hoch und drücke ihn auch noch nach hinten. Die Folgen: Eine gerade und steile Schulterlage und ein sehr kurz scheinender Hals.

G: Perfekt

H: »Geschafft, habe ich gut gemacht, und wo bleibt das Leckerli?«

Vorführer steht so vor dem Hund, dass beide sich gegenseitig ansehen. Möchten Sie Ihren Hund auf diese Weise präsentieren, man nennt sie »freistehende Position«, beginnen Sie die Steh-Übungen am besten, indem Sie, wie schon beim ersten spielerischen Training auf Seite 19 beschrieben, in Ihre Hand den Leckerbissen nehmen und ihm an den Fang halten. Versucht er, den Leckerbissen zu bekommen, lassen Sie ihn daran knabbern, solange er stehen bleibt. Versucht er sich hinzusetzen, so gehen Sie mit ganz kleinen, kurzen Schritten rückwärts, um ihn zum »Stehen bleiben« zu motivieren.

Üben ist gut – Kontrolle auch

Um die Trainings-Erfolge kontrollieren zu können, übe ich von Zeit zu Zeit vor einem großen Bodenspiegel. Dies möchte ich Ihnen unbedingt empfehlen. Es eignen sich auch große Glastüren und unbeleuchtete Schaufenster. Sie sehen im Spiegelbild genau das, was der Richter im Ring sehen wird und können so entscheiden, ob und was noch verbesserungswürdig ist. Hilfreich ist es – speziell für noch nicht so versierte Aussteller – ein gutes Bild von einem perfekt in Ausstellungspose stehendem Hund an den Spiegel zu kleben. Vergleichen Sie die Standpose Ihres Hundes mit dem Foto und korrigieren Sie, bis Sie zufrieden sind.

Kurz und bündig

Im Ring stehen alle Hunde – nicht zu eng hintereinander – entgegen dem Uhrzeigersinn, das heißt bildlich gesprochen, alle Hunde schauen nach rechts.

Das Lauf-Training

Sobald die Steh-Übungen einigermaßen klappen, beginne ich mit meinem Hund das Ausstellungs-Lauf-Training. Es unterscheidet sich stark vom normalen »an der Leine Spazieren gehen« und ebenfalls vom »Fuß-Laufen«.
Im Ring erwarte ich von meinem Hund, dass er freudig und locker, mit gut getragenem Kopf, nicht zu eng neben mir – an meiner linken Seite – im Schritt bzw. Trab in die von mir eingeschlagene Richtung läuft. So laufen wir einen Kreis, ein Dreieck, ein Viereck oder eine gerade Strecke hin und zurück. Ich

erwarte im Weiteren von meinem Hund, dass er während der ganzen Zeit nicht versucht, am Boden zu schnüffeln, dass er mich nicht in irgendeine x-beliebige Richtung zieht, weder an mir hochspringt noch bellt, und damit die Konkurrenten stört.
Sie sehen, meine Erwartungen sind sehr hoch und werden sich nicht von heute auf morgen ohne Übung verwirklichen lassen.
Wie schon beim Steh-Training nehme ich als Erstes die Leckerbissen in die Tasche und streife dem Hund wieder die Ausstellungsleine über den Kopf. Hierbei achte ich darauf, dass die Leine sehr hoch am Hals,

Hund und Herrchen im Gleichschritt – fröhlich geht's durch den Ring!

direkt hinter den Ohren, anliegt. Dann gehe ich erst einmal einige Meter im Schritt mit ihm und sage regelmäßig mit freundlicher Stimme: »Kopf hoch«. Bleibt der Kopf oben, bekommt mein Hund sofort einen Leckerbissen. Nach zwei- bis dreimaligem Gehen versuche ich das Gleiche im schnelleren Tempo, sodass mein Hund Trab laufen muss. Klappt auch diese Übung, gibt es automatisch wieder einen Leckerbissen.

Wenn Sie mit Ihrem Hund das Training beginnen, spielt es keine Rolle, ob Sie »Kopf hoch«, »Schön laufen« oder etwas anderes zu ihm sagen. Hauptsache ist, dass das Kommando immer das gleiche ist und bleibt. Mit fortschreitendem Können erschwere ich die Übung, indem ich mich nicht nur geradeaus, sondern im Zick Zack, im Kreis oder Dreieck bewege und darauf achte, dass mein Schüler immer an meiner linken Seite, aber nicht zu eng neben mir läuft. Einige meiner Hunde lernten sehr schnell, den Kopf hoch zu tragen, sodass ich sie mit der Zeit an loser Leine neben mir hertraben lassen konnte. Andere, speziell die Cocker Spaniels, hatten mit dieser Übung große Mühe, da es auf dem Boden natür-

Sehr gute Kondition zeigt dieser American Cocker Spaniel. Die Fellpflege ist sehr aufwändig.

Tipp Jede Übung, egal wie viel Zeit sie in Anspruch genommen hat, sollte mit Liebe und extra Zuwendung honoriert werden.

lich immer höchst interessant riecht.
Wenn ich merke, dass es einem Hund wirklich enorm schwer fällt, den Kopf während des Laufens hoch zu tragen, vereinfache ich die Übung, indem ich meinen linken Arm gerade ausstrecke und die Leine straff nach oben halte. Der *geringe* Zug an der Leine reicht, um meinem Hund »Kopf hoch« zu signalisieren. Die Betonung liegt hier auf dem Wort *gering*.
Achten Sie beim nächsten Ausstellungsbesuch einmal darauf, wie viele Vorführer ihren Hund, speziell während der Gangwerkprobe, mit der Leine fast strangulieren. Die armen Tiere hängen mit dem Vorderkörper dreiviertel in der Luft und können die Vorderläufe nicht richtig auf den Boden setzen. Diese Art vorzuführen ist sehr unprofessionell und lässt außerdem vermuten, dass mit der Front des Hundes etwas nicht in Ordnung ist.
Sobald ich gute Fortschritte verzeichnen kann und auch das Wenden am Ende einer geraden Strecke, – ich sage dann immer »turn« –, gut funktioniert, verbinde ich das Stehen und das Laufen zu einer großen Übung. Genauso wie es zukünftig auch im Ring ablaufen wird.
Wie immer, wenn ich eine gute Leistung von meinem Hund erwartet habe, beende ich auch diese Übung mit einem großen Leckerbissen, extra Streicheleinheiten und lieben Worten.

Ohne gute Kondition geht es nicht

Bis jetzt habe ich versucht, Ihr Augenmerk auf das Ringtraining zu lenken, da es unbestritten eine sehr wichtige Komponente der gesamten Vorbereitung ist. Ebenso wichtig und auch nur durch langfristige Vorbereitung erreichbar ist eine optimale Kondition in Bezug auf die Muskulatur und das Haarkleid Ihres Hundes. Feste und straffe Muskeln erfordern eine ausgewogene, dem Alter und der Größe des Hundes entsprechende Ernährung und eine optimale Bewegung.
Fast alle Futtermittelhersteller haben sich in den letzten Jahren auf die Bedürfnisse der Hundehalter eingestellt und Nahrungsmittel entwickelt, in denen sämtliche erforderlichen Vitamine, Mineralstoffe,

Kurz und bündig

Je durchtrainierter Ihr Hund ist, desto ausdauernder wird er sich im Ring präsentieren können. Im Gegensatz dazu wird ein wenig bemuskelter Hund innerhalb kürzester Zeit im Ring »durchhängen«.

Spurenelemente usw. enthalten sind. Der Konsument hat nur noch die Qual der Wahl und muss sich für ein Produkt aus der großen Angebots-Palette entscheiden.

Optimale Bewegung ergibt sich meist aus täglichen Spaziergängen. Besonders bei kurzhaarigen Rassen, wie z.B. dem Boxer oder der Deutschen Dogge, sieht aber jedermann und somit auch der Richter im Ring die vorhandene Muskulatur. Ein der Rasse und den Bedürfnissen des Hundes

Tibet Terrier, eine gepflegte Erscheinung.

angepasstes muskelaufbauendes Lauftraining kann daher zusätzlich sehr hilfreich sein.

Ich persönlich trainiere meine Cocker Spaniel und Bobtail gern mit dem Fahrrad, wenn sie das entsprechende Alter erreicht haben. Mein »Sportler« läuft dann täglich eine bestimmte Strecke im lockeren Trab neben dem Fahrrad auf der rechten Seite. Abgesehen davon, dass durch die gleichmäßige Bewegung am ganzen Körper gute Muskulatur aufgebaut wird, habe ich dabei auch die Möglichkeit, ihn an der Ausstellungsleine zu führen und den Kopf in die bestmögliche Haltung zu bringen.

Bevor Sie sich jetzt aber ein Fahrrad kaufen, klären Sie bitte unbedingt mit dem Züchter Ihres Hundes ab, ob und ab welchem Alter ein solches Training bei Ihrer Rasse angebracht ist.

Die Fellpflege

Sind Sie Besitzer eines **kurzhaarigen** Hundes, so müssen Sie sich über die Fellpflege nicht viele Gedanken machen. Gute, ausgewogene Ernährung, regelmäßiges Bürsten zur Entfernung der ausgehenden Haare und ab und zu ein säuberndes Bad werden den Hauptteil der Pflege ausmachen. Bei professionellen Ausstellern konnte ich auch schon beobachten, dass sie ihre Hunde mit einem feuchten Hirschleder oder einem sehr weichen Tuch abrieben. Danach glänzten diese wie eine Speckschwarte.

Wesentlich arbeitsintensiver gestaltet sich natürlich die Fellpflege eines **langhaarigen** Hundes. Regelmäßiges, vorsichtiges Bürsten und Kämmen ist hier die Voraussetzung für ein gesundes Haarkleid.

Besitzen Sie einen solchen Hund, so werden Sie außerdem die Vorder- und Hinterläufe nach vielen Spaziergängen ausspülen und reinigen müssen, denn jegliche Art von Schmutz strapaziert das Fell und fördert Verfilzungen oder Verknüpfungen, was wiederum einen massiven Haarausfall nach sich zieht. Langhaarige Hunde werden heutzutage in exzellenter Form im Ring präsentiert und eine gute Platzierung können Sie mit Ihrem Hund nur erreichen, wenn er wirklich topgepflegt *und* in voller Haarpracht im Ring steht.

Ganz andere Anforderungen stellen Rassen, die dem Standard entsprechend, speziell **getrimmt** oder **geschoren** werden müssen.

Ob Sie z.B. einen Terrier (wird mit dem Messer getrimmt), einen Cocker-Spaniel (wird von Hand getrimmt) oder einen Pudel (wird geschoren) ausstellen möchten, ist hier nicht von Bedeutung. Wichtig ist immer, dass Sie genau wissen, wie Ihre Rasse im Ring optimal präsentiert werden soll. Wenn der Züchter Ihres Hundes in der Nähe wohnt und Ihnen bei der Vorbereitung des Fells behilflich ist, dürfen Sie sich glücklich schätzen. Unter Umständen werden Sie aber gezwungen sein, Ihren Hund in einem Hunde-Salon anzumelden. Ohne hier einem anerkannten Berufsstand unrecht tun zu wollen, kann dies in einer mittleren Katastrophe enden und sämtliche Ausstellungsträume für längere Zeit zunichte machen.

Hundecoiffeusen werden meistens nur mit der Alltags-Fellpflege von Hunden betraut und machen dies ausgezeichnet. Das Zurechtmachen eines Ausstellungshundes oder ein Ausstellungs-Trimming erfordert aber profunde Kenntnisse der jeweiligen Rasse und sehr viel Zeit, die finanziell fast nicht abgegolten werden kann. Wollen Sie es trotzdem ausprobieren, so empfehle ich Ihnen, vorgängig genau abzuklären, ob die betreffende Coiffeuse regelmäßig und mit Erfolg Hunde Ihrer Rasse für Ausstellungen zurechtmacht. Besser wäre es, speziell wenn Sie eine längere Ausstellungskarriere anstreben, dieses Bürsten/Trimmen/Zurechtmachen Ihres Hundes selbst zu erlernen.

Tipp

Gut organisierte Rasseklubs offerieren spezielle Kurse, an denen Mitglieder die korrekte Fellpflege und das Zurechtmachen für Ausstellungen erlernen können. Ebenfalls werden Ringtrainings organisiert, an denen Aussteller und Hunde unter fachmännischer Anleitung das schon Erlernte vertiefen dürfen.

Die anwesenden, Ihrem Hund fremden Artgenossen erzeugen eine typische Ausstellungsatmosphäre, an die Sie sich beide auf diese Weise ohne Stress gewöhnen können.

Die Planung eines Ausstellungsbesuches

Die Anmeldung

Bis jetzt haben Sie – falls Sie meinen Empfehlungen gefolgt sind – mit Ihrem Hund ein recht intensives Training absolviert und sind nun bereit, den Ernstfall auszuprobieren. Es gilt daher eine Schau zu finden, auf der Sie und Ihr Hund, besser gesagt Ihr Hund und Sie, die gemeinsame Premiere im Ring erleben können.

Bei der großen Anzahl unterschiedlicher Schauen finden Sie mit Sicherheit eine, die an einem Ihnen passenden Wochenende in Ihrer Nähe organisiert wird. Ich würde Ihnen empfehlen, es für das erste Mal mit einer kleineren clubinternen Schau zu versuchen. Wenn Sie aber etwas Mut haben, können Sie Ihren Hund ohne Bedenken bei einer großen internationalen Rassehunde-Ausstellung anmelden.

Tipp Ausschreibungen für Hundeschauen finden Sie in kynologischen Zeitschriften wie z.B. »Der Rassehund« oder »Hunde« und oft auch in den Mitgliederinformationen der Rasseklubs.

Über die in der Ausschreibung angegebene Adresse erhalten Sie alle wichtigen Informationen, wie Programm und Meldescheine.

Im Programm finden Sie Informationen über die Art der Ausstellung, eine Beschreibung des Platzes, auf dem sie stattfindet und ob es sich dabei um eine Freiluft- oder Hallen-Schau handelt. Die Daten, an denen die verschiedenen FCI-Gruppen gerichtet werden, sind aufgeführt und dann, was ganz besonders wichtig ist, die Namen der Richter, welche Rassen und welche Ausstiche diesen zugeteilt worden sind.

Sonderschauen, speziell ausgeschriebene Titel, wie z.B. »Weltsieger« oder »Europa-Jugendsieger«, und die hierfür zu erfüllenden Bedingungen werden im Programm ebenso bekannt gegeben, wie die geforderten Impfungen, die wichtigsten Abschnitte des geltenden Ausstellungsreglements und natürlich die Meldekosten pro Hund, die erwünschte Zahlungsart und das zu berücksichtigende Konto.

Auf dem Meldeschein werden Angaben über den gemeldeten Hund, dessen Züchter und Besitzer verlangt. Außerdem ist der letzte Meldeschluss angegeben, nach dem keinerlei Meldungen mehr angenommen werden.

Bitte lesen Sie sich das Programm genau durch und nehmen Sie sich auch genügend Zeit, um den Meldeschein auszufüllen. Ich werde Ihnen mit einer wahren Geschichte erklären, warum.

Vor einigen Jahren durfte ich auf der internationalen Ausstellung in Budapest an einem Samstag die Bobtail und sonntags die Spaniels richten. Mein Name stand daher an beiden Tagen im Programm. Das Richten am Samstag machte mir Spaß, es waren schöne Hunde anwesend, nur wenige fehlten – was, wie man weiß, ja immer wieder passiert. Am Sonntag während des Spaniel-Richtens kam einer der Ausstellungsleiter zu mir in den Ring mit der Bitte, im Anschluss doch noch zwei Bobtail zu beurteilen. Natürlich sagte ich gern zu, allerdings mit der Einschränkung, dass es sich um eine inoffizielle Begutachtung handeln würde. Das internationale Richterreglement sagt: Richter dürfen nur an offiziellen Ausstellungen richten, und sobald das Richten abgeschlossen ist, darf keine Änderung der Rangliste mehr vorgenommen werden. Ich ging davon aus, dass ein ungarischer Bobtail-Besitzer mir, einer ausländischen Züchterin und Richterin, gern seine Hunde zeigen wollte. Nun, dies war weit gefehlt. Es kam ein netter junger Mann mit seinen Hunden. Wir konnten uns gut in englischer Sprache unterhalten und so fand ich sehr schnell heraus, dass er extra aus Zagreb zu dieser Ausstellung angereist war. Leider am falschen Tag! Budapest ist eine wunderschöne Stadt und das Nép-Stadion, in dem die Ausstellung stattfand, ist zentral gelegen. Eigentlich wollte der junge Mann aber seine Hunde ausstellen, möglichst gewinnen und erst dann noch eine Sightseeing-Tour durch Budapest unternehmen.

Ich bin sicher, dass dem besagten jungen Mann dieser, abgesehen von allen Unannehmlichkeiten, auch noch teure Fehler nie wieder passiert ist oder passieren wird und Ihnen hoffentlich auch nicht!

Die Gefahr, durch schlecht oder verkehrt ausgefüllte Meldepapiere eine Schau zu verpassen, besteht natürlich nicht. Aber, und dies ist auch nicht angenehmer, es könnte Folgendes passieren: Ihr Hund könnte mit unzutreffendem Namen (wichtig ist der in der Ahnentafel eingetragene Name, nicht der von Ihnen gegebene Rufname) oder falscher Zuchtbuchnummer im Katalog aufgeführt werden. Er könnte in die verkehrte Klasse, Größe oder Farbe eingeteilt werden, oder Ihre eigene Adresse ist nicht ausreichend, um Sie postalisch zu finden. Alles Möglichkeiten, die Ihnen unter Umständen am Ausstellungstag zusätzlichen Stress bereiten, oder schlimmstenfalls Ihren Hund die Anerkennung des Sieges kosten können.

Kurz und bündig

Für Ihr eigenes Wohlergehen lesen Sie bitte unbedingt das Ausstellungsprogramm genau durch und füllen Sie den Meldeschein in sehr gut lesbarer Schrift korrekt und vollständig aus!

Diesen gut leserlich, korrekt und vollständig ausgefüllten Meldeschein senden Sie mit allen geforderten Unterlagen und Papieren (je nach Land unterschiedlich geregelt: Kopie der Ahnentafel, der Quittung des bezahlten Meldegeldes, des Tollwut-Impfzeugnisses usw.) an das Sekretariat. Innerhalb weniger Wochen erhalten Sie dann eine Bestätigung der Anmeldung und dürfen sicher sein, dass Ihr Hund im Katalog eingeschrieben ist. Hunde, die nicht im Katalog aufgeführt sind dürfen nur gerichtet werden, falls der Fehler *eindeutig* durch das Ausstellungs-Sekretariat verursacht wurde.

Die Wochen zwischen Anmeldung und Schau

Die Wochen zwischen dem Abschicken der Anmeldung und der stattfindenden Schau vergehen meistens im Fluge und ich möchte Ihnen ans Herz legen, weiterhin mit Ihrem Hund das beschriebene Ringtraining zu absolvieren. Nicht unbedingt jeden Tag und auch nicht stundenlang, aber doch so, dass weder er noch Sie etwas vom Erlernten vergessen. Integrieren Sie wenn möglich auch regelmäßig das »Zähne zeigen«. Dies bereitet speziell jungen Hunden auf den ersten Ausstellungen einige Schwierigkeiten.

Gehört Ihr Hund zu einer Rasse, die speziell getrimmt werden muss, ist es an der Zeit dies in die Wege zu leiten. Bei den meisten Rassen beginnen Profis einige Wochen vor der Ausstellung, den Hund in Schaukondition zu bringen. Sicher haben Sie inzwischen so viel Erfahrung gesammelt, um Ihren Liebling selbst in gute Form zu bringen, oder Sie haben eine Person gefunden, die Ihnen diese Arbeit abnehmen kann. Das letzte »Finish« wird nur wenige Tage vor der Schau zu machen sein. Erkundigen Sie sich bitte auch hiernach frühzeitig.

Das Haarkleid meiner Petit Basset Griffon Vendéen bearbeite ich normalerweise letztmals nur noch mit Kamm und Bürste einen Tag vor der Schau. Allerdings ist es auch

»Urmel« im Ring: Hier habe ich die Leine an ihrem Hals zu eng angezogen und das Fell der Vorbrust nicht genügend heruntergebürstet. Dadurch wirkt ihr Körper unharmonisch.

schon passiert, dass meine »Urmel« – Multi CH. »Pennylane Quelle Fortune« – am Tag vor der Schau noch mit meinem Mann auf die Jagd ging und entsprechend wieder nach Hause kam: dreckig, aber

glücklich. Ein Vollbad war daher nicht zu umgehen. Glücklicherweise ist »Urmels« Haarkleid extrem hart, sodass das nicht einkalkulierte Vollbad wenig Schaden anrichten konnte.
Baden, Shampoonieren und das anschließende Föhnen machen jedes Fell für einige Tage etwas weicher. Es ist daher für Hunde, deren Haarkleid laut Standard harsch sein soll, so kurz vor der Schau nicht zu empfehlen.
Ganz anders muss ich meine Bobtail pflegen und dies wird für alle langhaarigen Hunde in etwa gleich sein. Um einen wirklich perfekt gepflegten Hund präsentieren zu können, wasche ich den Bart und bade die Vorder- und Hinterläufe am Abend vor dem großen Anlass, föhne alles trocken und bürste nochmals das Haarkleid am ganzen Körper vorsichtig aber gründlich durch. Nur so kann ich sicher sein, am nächsten Tag mit einem topgepflegten Hund in den Ring gehen zu können.
Gehört Ihr Hund zu den langhaarigen Rassen, so sollten Sie die Zeit für die letzte Pflege unbedingt einkalkulieren, um nicht in Stress zu geraten.
Zur Top-Kondition, die unsere Hunde an Schauen zeigen sollen, gehören auch ein sauberes Gebiss ohne Zahnstein und saubere Ohren. Vergewissern Sie sich bitte im Voraus, ob bei Ihrem Hund alles in Ordnung ist, bzw. schaffen Sie, falls nötig, lange genug vor dem Anlass Abhilfe.

Kleider machen Leute

Bis jetzt ging es in diesem Buch nur um Ihren Liebling, um die Fütterung, die Pflege, das Training und was sonst noch dazu gehört. Sie als Vorführer stehen aber ebenfalls mitten im Ring und werden vom Publikum beachtet. Als Vorführer oder »Handler« haben Sie die vornehme Aufgabe, Ihren Hund zu präsentieren, ihn in seinen natürlichen Bewegungen ebenso wie im Stand zu unterstützen, dabei aber möglichst im Hintergrund zu bleiben. Im Ring ist der Hund die Hauptperson und soll von seinem »Handler« nicht konkurrenziert werden.
Auf folgende Kriterien, die bei der Garderoben-Auswahl im Vordergrund stehen, möchte ich Sie gern hinweisen:

- Sie müssen sich im Ring gut und sicher bewegen können. Dazu gehören auch bequeme Schuhe mit rutschfesten Sohlen, in denen Sie ohne Fuß-Weh über längere Zeit an einem Platz stehen bleiben können.

- Der Ausstellungstag ist lang, sogar sehr lang. Die Kleidung muss auch am späten Nachmittag noch komfortabel sein.
- Klimatische Verhältnisse müssen berücksichtigt werden. In Hallen ist es oft zugig, genauso oft stikkig und manchmal sogar »eiskalt«. Im freien Gelände kommt zu allem noch der unerwartete Wolkenbruch dazu.
- Hosen-, Rock- oder Jackentaschen müssen groß sein. Sie brauchen Platz für die wichtigen Leckereien und eventuell Kamm oder Bürste.
- Schlichte, gepflegte Kleidung fördert Ihre gute Ausstrahlung und Ihr Wohlbefinden.
- Als angemessen gilt bei männlichen Ausstellern eine gut sitzende Hose, ein gebügeltes Hemd und eine Krawatte.

Nicht unpassend aber wenig empfehlenswert sind:

- Stark gemusterte Kleidung in der optisch die Außenlinien des Hundes »verschwinden«.
- Lange, weite Röcke, deren Geflatter Ihren Hund irritieren und dem Richter die Sicht auf die Bewegung des Hundes nimmt.
- Enge Röcke, in denen Sie nur ganz kurze Schritte machen oder sich nicht bücken können.

Generell unpassend sind:

- Unsaubere, schmuddelige Kleidung,
- ausgebeulte oder zu eng sitzende Hosen und Pullover,
- kaputte oder stark ausgefranste Jeans sowie prall gefüllte Hotpants
- Schuhe mit hohen Bleistiftabsätzen,
- Mini-Röcke und tief ausgeschnittene Dekolletees.

Falls Sie sich fragen, ob Ihre Kleidung wirklich eine Rolle spielt, stellen Sie sich bitte folgendes Bild vor: zwei gut gepflegte weiße Hunde, z.B. Samojeden, stehen nebeneinander im Ring. Der eine wird von einer Dame in dunkler Hose und einer roten Jacke präsentiert, die Vorführerin des anderen Hundes steht mit schmuddeligen Jeans, ausgelatschten Turnschuhen und einem zu engen Pullover im Ring. Welchen der Hunde würden Sie als Zuschauer öfter ansehen oder sogar favorisieren? Ganz klar, den Hund der gut angezogenen Dame. Der Richter richtet zwar die Qualität der Hunde und nicht das hintere Ende der Leine, aber ein schönes Bild ist nun mal ein schönes Bild.

Kurz und bündig

Seien Sie darauf vorbereitet, Ihren Hund im Ehrenring zu präsentieren. Schlichte Eleganz rundet das Erscheinungsbild zu Ihrem perfekt gepflegten Hund harmonisch ab.

Der Tag vor der Ausstellung

Je nach Pflegezustand Ihres Hundes, werden Sie am Vortag mehr oder weniger Zeit für die Vorbereitung einplanen müssen. Ich reserviere weitgehend, ja eigentlich den ganzen Tag für meinen Hund. Ein letztes Mal Ohren reinigen und Gebiss kontrollieren, Füße und Bart waschen und föhnen geht dem letzten Schau-Trimmen, dem »Final Touch« voraus. Einige meiner Hunde sind ausgesprochene Ausstellungs-Freaks und weichen dann nicht mehr von meiner Seite. Sie wissen genau, dass es bald losgeht und wollen die Abfahrt auf keinen Fall verpassen. Im Gegensatz dazu sind meine anderen Hunde, die schon gemerkt haben, dass sie nicht mitgenommen werden, etwas frustriert und müssen mit Pansenstangen oder anderen Spezialitäten bei Laune gehalten werden.

Wenn ich nicht sowieso schon weiß, wie ich das Ausstellungsgelände erreichen kann, konsultiere ich die Straßenkarte, berechne die Fahrzeit und kalkuliere dabei auch mögliche Staus auf der Autobahn ein. Ist die Route zu lang oder das Wetter voraussichtlich schlecht, reserviere ich frühzeitig in der Nähe des Schaugeländes ein Hotelzimmer und reise bereits am Vorabend an. Oftmals werden im Programm schon hundefreundliche Hotels aufgelistet; mit denen habe ich immer gute Erfahrungen gemacht.

Bevor das Auto für die Reise gepackt wird, lege ich Folgendes bereit:

- Impfzeugnis
- Kopien der Ahnentafel, des Anmeldeformulars, der Überweisung des Meldegeldes
- Annahmebestätigung und Startnummer, falls erhalten*
- Clip, Sicherheitsnadel oder Gummiband für die Startnummer
- Pflegeutensilien wie Kämme, Bürsten, Trockenshampoo, Handtücher

- Ausstellungsleine und spezielle Leckereien als Belohnung im Ring
- Trimmtisch auf Rädern, Gitterbox und weiche Unterlage (z.B. Vetbed)
- Fressnapf, Futter, Flasche mit frischem Trinkwasser
- Plastik-Säckchen (Robi-Dog) für Überraschungen
- einen bequemen Klappstuhl
- Zwischenverpflegung
- Kopfschmerztabletten
- Regenschirm und Straßenkarte

* Die Startnummer – falls sie vom Veranstalter geschickt wurde – berechtigt meinen Hund im Ring gezeigt zu werden. Bei manchen Ausstellungen wird die Startnummer erst ein bis zwei Stunden vor Beginn des Richtens im Rassering abgegeben.

Damit bin ich für alle Eventualitäten gewappnet.

Nun möchte ich Ihnen gerne erklären, warum die meisten dieser Dinge für mich, und damit auch für Sie, notwendig sind: Ohne Impfzeugnis kann mein Hund das Ausstellungsgelände nicht betreten. Die verschiedenen Kopien sind wichtig, um die Identität meines Hundes, die korrekte Meldung oder die erfolgte Bezahlung nachweisen zu können. Der Clip erleichtert mir die korrekte Befestigung der Startnummer. Ohne Pflegeutensilien kann ich einen langhaarigen Hund nicht in Form bringen und die Vorführleine brauche ich ebenso wie die Leckereien im Ring. Der Trimmtisch und die Gitterbox sind nicht unbedingt notwendig, erleichtern mir aber das Pflegen und die Unterbringung meines Hundes während des langen Tages. Speziell wenn ich ohne Begleitung angereist bin, bietet die eigene Box den Vorteil, dass ich bei schlechtem Wetter meinen Hund ohne fremde Hilfe sauber vom Parkplatz zum Ausstellungsgelände bringen kann. Im Übrigen liegen alle meine Hunde gern an einem Ort, an welchem sie zeitweilig vor zu aufdringlichen Passanten geschützt sind. Fressnapf, Futter und Trinkwasser benötigen keine Erklärung, die erwähnten Plastiksäckchen auch nicht. Klappstuhl, Zwischenverpflegung, Kopfschmerztabletten, Regenschirm und Straßenkarte sind für meinen eigenen Komfort und helfen, den langen Tag gut zu überstehen.

Tipp Planen Sie den Ausstellungstag im Voraus und mit Bedacht. Eine detaillierte Checkliste ist sehr hilfreich.

Dieser edle, maskuline English Springer Spaniel entspricht allen Wunschvorstellungen. Sein sanfter Ausdruck spiegelt sein freundliches und ausgeglichenes Wesen.

IV. Der Ausstellungstag

Die Anfahrt

Es wäre ungemein schade, wenn Sie diesen hoffentlich ereignisreichen Tag schon gestresst beginnen müssten, ganz abgesehen davon, dass Ihr Begleiter auf vier Pfoten sofort merkt, ob es Ihnen gut geht oder nicht und sich davon beeinflussen lässt.

Um all dem aus dem Wege zu gehen, kalkulieren Sie unbedingt genügend Zeit für die Anfahrt und die Suche nach einem Parkplatz ein. Besonders bei schlechten Straßenverhältnissen oder Festtagsverkehr ist heutzutage meistens mit Behinderungen zu rechnen. Ausstellungen sind zwar immer gut ausgeschildert, es kann Ihnen aber trotzdem passieren, dass Sie längere Zeit suchen müssen. Planen Sie, mindestens 11/2 bis 2 Stunden vor Beginn des Richtens auf dem Gelände zu sein. Speziell wenn Sie mit Ihrem Hund das erste Mal an einer Ausstellung teilnehmen, benötigen Sie genügend Zeit, um ihn mit der hektischen, lauten und ungewohnten Umgebung vertraut machen zu können.

Sind Sie früh genug angekommen, so besteht im Übrigen genügend Zeit für Ihren Hund, sich in Ruhe zu versäubern.

Einlass und Veterinärkontrolle

Die Einlasszeiten für Aussteller sind natürlich im Programm angegeben. Wenn Sie sich aber vorstellen, wie viele Personen mit ihren Hunden, Trimmtischen, Boxen usw. innerhalb kürzester Zeit in das Schaugelände drängen, können Sie ermessen, dass lange Staus und eine dementsprechend nervöse Atmosphäre die Regel sind und im Zeitplan einkalkuliert werden müssen.

Alle Hunde müssen als Erstes die Veterinärkontrolle passieren. Hier wird je nach Ausstellung und Landesgepflogenheiten kontrolliert, ob die erforderlichen Impfungen fristgerecht ausgeführt wurden (Impfzeugnis bereithalten!), bzw. ob Hunde zurückgewiesen werden müssen, da sie einen kranken Eindruck machen, Parasiten haben oder Hündinnen läufig sind.

Katalog und Boxen

Wenn Sie die Einlasskontrolle passiert haben, sehen Sie schon Stände, an denen Sie Ihren Katalog gegen einen Gutschein bekommen, den Sie mit der Anmeldebestätigung per Post erhalten haben.
Auf einer der ersten Seiten des Kataloges finden Sie ein Verzeichnis aller ausgestellten Rassen mit den dazu gehörenden Ringnummern und einem Orientierungsplan, der Ihnen hilft, ohne langes Suchen zu Ihrem Ring zu gelangen. Auf großen Schauen werden regelmäßig in Ringnähe fest installierte Boxen zur freien Verfügung gestellt, die Sie benutzen dürfen. Gute Plätze sind daher sehr schnell besetzt und sobald Sie einen gefunden haben, sollten Sie Ihre mitgebrachten Sachen dort deponieren.
Sicherlich sind Sie jetzt auch schon sehr neugierig geworden und möchten wissen, wie es weitergeht. Im Katalog finden Sie alle wichtigen Angaben: um welche Uhrzeit Ihre Rasse gerichtet wird, wie viele Rüden und Hündinnen gemeldet sind und welche Hunde in der gleichen Klasse starten wie der Ihre. Im Weiteren sind die aktuellen Reglemente abgedruckt, ein genauer Zeitplan für den Ehrenring, in dem die verschiedenen Wettbewerbe stattfinden und natürlich ein Ausstellerverzeichnis mit genauen Adressangaben.
Kommen wir aber wieder zurück zu Ihnen und Ihrem Hund. Sobald Sie wissen, um wie viel Uhr Sie voraussichtlich mit Ihrem Hund im Ring erscheinen sollen, können Sie mit den letzten Vorbereitungen beginnen. Falls Sie mit Ihrem Hund noch nicht sehr oft an einer Schau teilgenommen haben, würde ich Ihnen unbedingt empfehlen, die vorhandene Zeit zu gebrauchen, um ihn an die herrschende Atmosphäre – jede Schau ist anders – zu gewöhnen. Gehen Sie mit ihm durch die sich langsam füllenden Hallen oder Außenplätze, weichen Sie dabei auch entgegenkommenden Personen und ihren Hunden nur so weit aus, dass jeder noch genügend Platz hat. Gehen Sie vor allen Dingen auch an Boxen vorbei, in denen schon Hunde sitzen und lauthals auf sich aufmerksam machen wollen. Kurz gesagt, nutzen Sie die Zeit um Ihrem Hund Vertrauen zu geben. Zeigen Sie ihm, dass Sie bei ihm sind und daher gar nichts Schlimmes passieren kann. Sobald er sich fröhlich und unbeeindruckt bewegt, wissen Sie, dass er sich wohl fühlt und im Ring bereit sein wird, sein Bestes zu geben.
Gehört Ihr Hund zu den kurzhaarigen Rassen so bleibt Ihnen – immer vorausgesetzt, dass Sie wirklich

früh genug angereist sind – noch genügend Zeit für einen Kaffee oder ein Schwätzchen mit den Nachbarn, bevor das Richten beginnt. Hat Ihr Hund ein langes Fell, welches Sie nochmals vorsichtig durchbürsten müssen, so sollten Sie auch hierfür genügend Zeit einkalkulieren.

Startnummer

Ihre Startnummer haben Sie entweder per Post erhalten, oder sie wird Ihnen ab etwa einer Stunde vor Beginn des Richtens im Rassering gegen die Abgabe der Annahmebestätigung abgegeben.

Zu den Bodenverhältnissen

In manchen Hallen werden Sie im Ring einen glatten, rutschigen Boden vorfinden, auf dem den meisten Hunden das Laufen schwer fällt. Sie rutschen wie wir, wie auf Glatteis, und von einer »raumgreifenden Bewegung« kann dann sicher nichts mehr im Richterbericht stehen. Es kann sogar passieren, dass ein Hund mit den Vorder-

Wiesen sind nicht rutschig, haben aber leider oft beachtliche Unebenheiten, die beim Stellen des Hundes berücksichtigt werden müssen. Diese Dackel steht korrekt an einer sehr ebenen Stelle.

oder Hinterläufen Spagat macht, für das er nun wirklich nicht geeignet ist. Um diesem Problem von Anfang an aus dem Wege zu gehen, benutze ich gegebenenfalls für meine Hunde die amerikanische Creme »Tacky Paw«, zu deutsch »klebrige oder nicht rutschende Pfote«, die von guten Verkaufsständen auf Schauen zum Kauf angeboten wird. Falls Sie diese oder eine ähnliche Creme im Bedarfsfall nicht bekommen können, versuchen Sie es mit einem Hausmittel: Benetzen Sie kurz bevor Sie in den Ring gehen die Ballen Ihres Hundes mit Coca Cola. Der Erfolg ist nicht so gut wie mit der besagten Creme, aber immer noch besser als gar nichts tun zu können.

Merke Auf dem Ausstellungsgelände ist ein über das Kämmen und Bürsten hinausgehendes Zurechtmachen von Hunden unter Verwendung jeglicher Mittel und Hilfen untersagt. Gleiches gilt für das Halten eines Hundes an einem so genannten Galgen. Das Wickeln oder Einflechten der Haare ist auf der Ausstellung verboten.
Die Einhaltung dieser Bestimmungen wird kontrolliert. Bei Nichteinhaltung sind die Kontrolleure befugt, die Aussteller darauf aufmerksam zu machen, die bereits erwähnten Manipulationen zu unterlassen, oder sie werden angewiesen, die Ausstellung zu verlassen.

Unerlaubte Manipulationen am Fell

Eherne Regel – nicht nur bei Bobtail-Ausstellungen.

Dieses neue Reglement kommt zur Zeit in der Schweiz und in Deutschland zur Anwendung. Aber auch in England ist zumindest das Pudern und Sprayen strengstens verboten. Dort werden regelmäßig an Ausstellungen Hunde ausgelost, denen unter offizieller Aufsicht wenige Haare zur Kontrolle entnommen werden. Stellt sich nachträglich eine Manipulation heraus – selbst wenn sie nur mit Kreide zum Weiß-

machen eines Terriers vollführt wurde – wird dem Hund die gewonnene Qualifikation aberkannt und dem Aussteller ein befristetes Ausstellungsverbot erteilt.
Um nicht mit diesem Reglement in Konflikt zu geraten, empfiehlt es sich, bei schlechtem Wetter langhaarige Hunde in Regenanzügen oder zumindest in so genannten »Boots« (lange Plastiksocken mit wasserdichten Sohlen und Klettverschluss) vom Parkplatz zum Ausstellungsgelände zu bringen.
Sind Sie jedoch mit einem Trimmtisch und einer eigenen Box angereist, benötigen Sie keinen dieser Anzüge.
Übrigens, an manchen Schauen ist das Aufstellen von Boxen und Trimm-Tischen aus Platzgründen verboten.

Das Geschehen im Ring

Der Ablauf
Im Normalfall entspricht der Ablauf des Richtens der Reihenfolge im Katalog. Sie können also nachlesen, zu welchem Zeitpunkt Ihre Rasse voraussichtlich gerichtet wird. Ich persönlich verfolge das Geschehen im Ring aber grundsätzlich von Anfang an. Vor allen Dingen beobachte ich den Richter bei seiner Arbeit, merke mir genau, in welcher Reihenfolge er die Hunde anfasst und wie er sie laufen lässt. Routinierte Richter haben ein System, nach dem sie alle anwesenden Hunde, einen nach dem anderen, gleichmäßig richten. Steht mein Hund dann zu einem späteren Zeitpunkt im Ring, so weiß ich schon, worauf ich besonders achten muss.
Wichtig ist für mich auch, die Bodenverhältnisse genau zu kennen. Speziell in Außenringen und auf Wiesen muss mit größeren Unebenheiten gerechnet werden, die meinem Hund bei ungünstiger Stellung eine falsche Rückenlinie bescheren könnten.
Laut Reglement ist jeder Aussteller persönlich dafür verantwortlich, pünktlich mit seinem Hund im Ring zu erscheinen. Sie sind daher gut beraten, wenn Sie nicht zu spät mit folgenden Vorbereitungen beginnen:

- Befestigen Sie die Startnummer entweder mit dem Clip oder einem Gummiband möglichst am linken Oberarm. Damit ist sie für den Richter und den Ringordner jederzeit sichtbar.
- Falls Ihr Hund bis jetzt geschlafen hat, ist es an der Zeit ihn liebevoll zu wecken. Motivieren Sie ihn, damit er seinen Auftritt im Ring nicht im wahrsten Sinne des

Wortes »verschläft«.

- Planen Sie genügend Zeit ein für eine letztes »Geschäftemachen«. Es wäre doch sehr peinlich, wenn dies ausgerechnet im Ring passieren würde.
- Zeigen Sie Ihrem Hund, dass Sie die bestimmte Tasche mit Leckereien auffüllen.
- Streifen Sie ihm die Ausstellungsleine über den Kopf und bringen Sie sein Haarkleid in Top-Form.
- Bleiben Sie ruhig, strahlen Sie Zuversicht und Sicherheit aus. Versuchen Sie es zumindest. Ihr Freund am anderen Ende der Leine hat eine Antenne zu Ihnen und Ihren Gefühlen.

Im Ring

Nun ist es soweit, Sie werden mit Ihrem Hund in den Ring gerufen. Auf diesen Moment haben Sie in den letzten Wochen und Monaten hingearbeitet und Ihr Hund ist bereit, mit Ihrer Unterstützung eine gute Vorstellung zu geben.

Reihen Sie sich Ihrer Startnummer entsprechend im Uhrzeigersinn mit genügend Abstand zwischen den anderen Ausstellern ein und konzentrieren Sie sich bitte ab jetzt nur noch auf Ihren Hund und den weiteren Ablauf. Achten Sie aber gleichwohl auf die Anweisungen des Richters und des Ringordners, denen Sie unbedingt folgen müssen.

Reden Sie ruhig und konzentriert mit Ihrem Hund und präsentieren Sie ihn genau so, wie Sie es geübt haben. Falls Ihr Hund sich trotz allem etwas unsicher fühlt, und dies durch Bellen oder leichtes Knurren zum Ausdruck bringt, beruhigen Sie ihn bitte sofort, ohne dabei die Mitkonkurrenten zu stören.

Während alle Hunde ruhig im Kreis stehen und sich von Ihrer »Show-Seite« zeigen, wird der Richter nun einen Konkurrenten nach dem anderen im Stand begutachten und sich einen ersten wichtigen Eindruck über die Qualität der gesamten Klasse verschaffen. Im Anschluss daran wird er, aus dem gleichen Grund, alle Hunde gemeinsam im Kreis (siehe die Zeichnung auf Seite 56) entgegen dem Uhrzeigersinn, wie Sie es ja auch trainiert haben, laufen lassen. Die meisten Rassen sollen hierbei einen zügigen Trab zeigen, keinesfalls darf Ihr Hund aber in Galopp fallen oder langsam hinter Ihnen her trotteln.

Besonders in dieser Phase sollten Sie mit ihm »eine gute Figur« machen, denn wie schon gesagt, der erste Eindruck ist immer der Wichtigste.

Nun beginnt das Richten der einzelnen Hunde.

Jeder Aussteller wird, einer nach dem anderen, seinen Hund neben dem Richtertisch optimal (je nach Rasse) hinstellen oder aufbauen und präsentieren. Der Richter wird den Hund am ganzen Körper abtasten, sein Gebiss und den Zahnschluss ansehen, und falls es sich um einen Rüden handelt, auch kontrollieren ob beide Hoden korrekt vorhanden sind. Er wird, noch während er den Hund begutachtet, seinem Sekretär den ersten Teil des Richterberichtes diktieren. Im Anschluss daran wird er den Aussteller auffordern, seinen Hund in der Bewegung zu zeigen. Während der Richter nun mit dem Gangwerk dieses Hundes beschäftigt ist, dürfen Sie, vorausgesetzt dass die Reihe dann an Ihnen ist, mit Ihrem Hund neben den Richtertisch gehen, und ihn, so wie Sie es trainiert haben, optimal hinstellen und

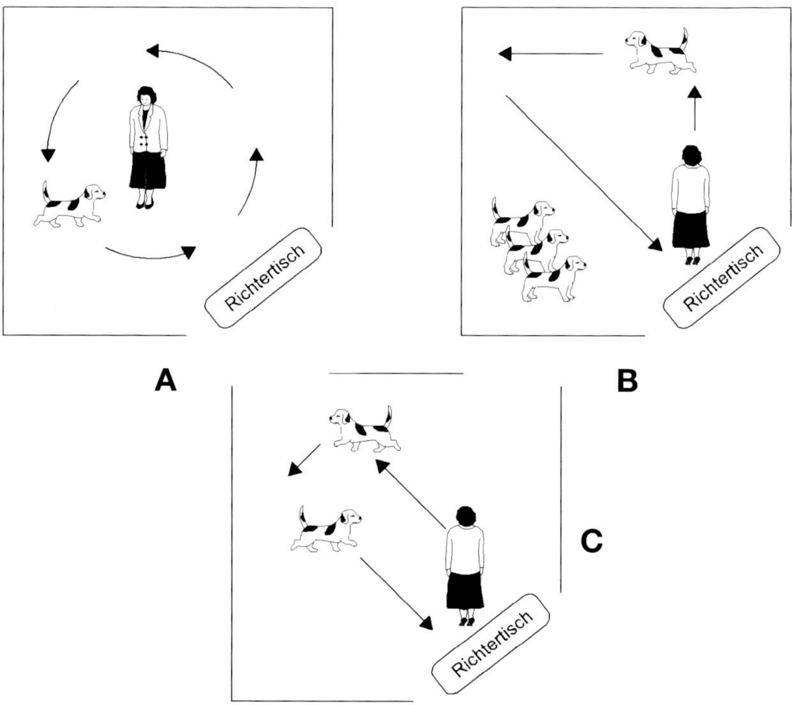

Die geforderten Bewegungsabläufe. A: der Kreis, B: das Dreieck, C: Hin und zurück.

präsentieren. Gehört Ihr Hund zu den Rassen, die normalerweise nicht auf dem Boden präsentiert werden, benutzen Sie bitte den im Ring bereitgestellten Tisch. Natürlich, und das versteht sich eigentlich von selbst, dürfen Sie dem Richter nicht die Sicht auf den Konkurrenten nehmen oder ihn bei der Beurteilung stören.

Sobald der Richter den Bericht des Hundes, der vor Ihnen an der Reihe war, fertig diktiert hat, wird er sich umdrehen und Ihren Hund zuerst aus der Distanz begutachten. Sie erinnern sich, der erste Eindruck kann entscheidend sein!

Genau wie beim Vorgänger wird er Ihren Hund dann am ganzen Körper abtasten, kontrollieren und dementsprechend den Bericht diktieren.

Um die Gangwerkprobe optimal zu gestalten und Ihren Hund von hinten, von der Seite und von vorn gleichmäßig begutachten zu können, wird der Richter Sie vermutlich anweisen, im Dreieck (siehe Zeichnung auf Seite 56) und anschließend in einer geraden Linie auf und ab zu laufen (siehe Zeichnung auf Seite 56). Tun Sie dies wiederum so, wie Sie es in den letzten Wochen regelmäßig trainiert haben: Entweder mit lose durchhängender oder leicht angezogener Leine, die Sie etwa eine halbe Armlänge neben sich entfernt halten. Laufen Sie in der für Ihren Hund optimalen Geschwindigkeit und achten Sie auch darauf, dass Ihre eigenen Schritte sich den seinen möglichst anpassen. Sobald die Gangwerkprobe beendet ist und während der Bericht fertig diktiert wird, haben Sie nochmals Zeit, Ihren Hund beim Richtertisch so perfekt wie möglich zu präsentieren. Der Richter wird einen letzten Blick auf ihn werfen und Sie dann an Ihren Platz zurücksenden. Jetzt ist die Zeit gekommen, Ihren Hund ausführlich zu loben und ihm etwas von den mitgebrachten Leckereien zu geben. Tun Sie dies aber bitte sehr diskret, um die Mitkonkurrenten nicht zu stören.

Tipp

Zu keinem Zeitpunkt sollten Sie versuchen, den Richter mit früher schon errungenen Qualifikationen zu beeindrucken. Er könnte dies als versuchte Beeinflussung interpretieren und dementsprechend reagieren.

Warten noch mehrere Vorführer nach Ihnen auf das Einzelrichten, dürfen Sie Ihrem Hund auch Gelegenheit geben sich zu entspannen. Er darf sich aber nicht hängen las-

Im Ring begutachtet der Richter den Hund von allen Seiten und tastet ihn am ganzen Körper ab.

sen und so dem Richter eine Gelegenheit geben, ihn in ungünstiger Position zu sehen. Denken Sie bitte immer daran, dass das Richten mit dem Eintritt in den Ring beginnt und erst nach dem Verlassen beendet ist. »Verschenken« Sie keine gute Qualifikation durch eine kurze Unaufmerksamkeit.

Ist das Einzelrichten beendet, werden alle Hunde wieder schön aufgebaut. Geben Sie jetzt nochmals Ihr Bestes, motivieren Sie Ihren Hund, »Rasse und Klasse« zu zeigen, sodass er nicht zu übersehen ist. Der Richter wird die Runde nochmals begutachten, eventuell alle zum letzten Mal im Kreis laufen lassen und dann, nachdem er sich seine endgültige Meinung gebildet hat, die ersten vier Hunde platzieren.

Mit der Platzierung der vier Hunde ist das Richten dieser Klasse abgeschlossen und die nächste Klasse wird in den Ring gerufen.

Manchmal kommt es anders...

Bis jetzt sind wir davon ausgegangen, dass Ihr Hund sich, wie gewohnt und von Ihnen vielmals geübt, ausgezeichnet und von seiner besten Seite zeigt. Nun ist es

So weit, so gut: Jetzt geht es in die Endausscheidung.

aber so, dass Ausstellungen jede Art von Stress erzeugen können, bei Ihnen genauso wie bei Ihrem geliebten Schützling. Hat er nun ausgerechnet während der Einzelbewertung einen »Durchhänger«, so geraten Sie bitte nicht in Hektik, sondern reden Sie ihm gut zu, lokken Sie ihn mit den Leckereien aus Ihrer Tasche und motivieren Sie ihn zu besseren Leistungen. Profi-Aussteller beginnen z.B. die Gangwerkprobe nochmals von vorn, wenn der Hund mittendrin plötzlich zu hoppeln oder zu springen beginnt. Entschuldigen Sie sich beim Richter und machen Sie es ebenso. Der Richter wird sofort erkennen, dass Ihr Hund im Grunde genommen gut trainiert wurde, nur eben gerade keine große Lust hatte, dies auch zu zeigen.

Ist Ihr Hund zu nervös um ruhig zu stehen, lenken Sie seine Aufmerksamkeit auf sich. Reden Sie mit ihm, füttern Sie ihn, und seien Sie vor allen Dingen nett zu ihm. Je schneller er sich beruhigt, desto besser wird er sich auch wieder auf das Gelernte konzentrieren können. *Geben Sie dem Richter unbedingt die Gelegenheit, Ihren Hund in optimaler Form zu sehen, denn nur dann können Sie ein Urteil erwarten, das Ihrem Hund und seinen Qualitäten gerecht wird.*

Platzierungen

Kommen wir wieder zurück zum Geschehen im Ring. Wie ich schon beschrieben habe, sucht der Richter nach Beendigung der Einzelbewertungen aus der gesamten Klasse die vier ersten Hunde heraus und platziert sie. Am erfreulichsten ist es natürlich, wenn der eigene Hund seine Klasse gewonnen hat und davon wollen wir im Folgenden ausgehen.

Ihre durchaus verständliche Freude darf Sie aber bitte nicht gleich den Rest der Schau vergessen lassen, denn:

1. Dank dieses Siegs geht es für Ihren Hund ja noch weiter.
2. Auf den Plätzen 2, 3 und 4 stehen auch sehr schöne Vertreter ihrer Rasse, deren Besitzer gern gewonnen hätten und nun vielleicht etwas traurig oder enttäuscht sind.

Nach den Gratulationen, die üblicherweise untereinander ausgetauscht werden – bitte nicht vergessen, falls Ihr Hund auf einer anderen Schau weiter hinten oder gar nicht platziert ist –, dürfen Sie alle den Ring verlassen.

Wenn Sie Ihren Hund überschwänglich gelobt und belohnt haben, fragen Sie sich jetzt, wie es weitergeht. Am einfachsten erkundigen Sie sich beim Ringhelfer,

Die Platzierung im Barsoi-Ring.

wann er Sie voraussichtlich wieder im Ring sehen möchte. Er weiß, wie viele Hunde noch gerichtet werden müssen, bevor es zu den ersten Ausstichen kommt. Sagen Sie dem Ringhelfer vielleicht auch noch, bei welcher Box er Sie gegebenenfalls finden kann. Grundsätzlich sollten Sie sich aber selbst darum bemühen, rechtzeitig wieder im Ring zu erscheinen. Speziell, wenn der Richter sehr viele verschiedene Rassen bewerten muss, hat der Helfer wenig Zeit, alle Hunde für die Endkonkurrenzen zusammen zu suchen.

Hat Ihr Hund nun z.B. die Jugendklasse der Rüden gewonnen, so wird er gegen die Siegerin der Hündinnen-Jugendklasse im Ausstich um den Titel »Bester Junghund« oder »Jugendsieger« antreten dürfen. Der Richter wird beide Hunde genau prüfen und sich für denjenigen entscheiden, der seiner Meinung nach dem Standard am nächsten kommt.

Oder falls Ihr Hund die Offene Klasse gewonnen hat, muss er gegen die Erstplatzierten der Zwischenklasse, der Gebrauchsklasse und der Champion-Klasse – Rüden und Hündinnen werden grundsätzlich getrennt gerichtet –

zum Ausstich antreten. Der Richter wird auch hier den besten Hund aussuchen und ihm die Anwartschaft auf den nationalen-/internationalen Schönheitstitel vergeben (zu den genauen Bedingungen s. Seite 90).

Zu Beginn dieses Kapitels schrieb ich: »Am erfreulichsten ist es natürlich, wenn der eigene Hund seine Klasse gewonnen hat...«, aber auch jede andere Qualifikation berechtigt Sie, stolz auf Ihren Hund zu sein. Ist Ihr Hund der Zweitplatzierte seiner Klasse, so besteht für ihn an dieser Schau zwar keine Möglichkeit mehr, eine Anwartschaft oder einen Titel zu erhalten, er darf aber unter bestimmten Umständen um den Reserve-Titel oder die Reserve-Anwartschaft konkurrieren. Seien Sie daher bitte auch als Zweitplatzierter darauf vorbereitet, mit Ihrem Hund wieder in den Ring gerufen zu werden.

Bringen Sie ihn auf jeden Fall rechtzeitig wieder in Schau-Kondition und motivieren Sie ihn nochmals dazu, sich vorzüglich zu präsentieren.

Sind alle Anwartschaften vergeben, so bleibt als Letztes noch die Endausscheidung um die Titel »Bester Hund der Rasse« (BOB) und »Bester Hund des anderen Geschlechts« (BOS). Hierfür konkurrieren der Jugendsieger und die Jugendsiegerin, der beste Rüde und die beste Hündin der anderen Klassen und natürlich die Veteranensieger – Rüde und Hündin – gegeneinander.

Mit der Vergabe des »Bester Hund der Rasse«-Zertifikates ist das Richten dieser Rasse beendet.

Vom Rasse-Ring zum Ehrenring

Der Weg vom Rasse-Ring zum Ehrenring ist weit, sogar sehr weit. Die Distanz ist natürlich nicht in Metern oder Kilometern zu berechnen, es ist die Entfernung, die zwischen einem normalen Hund vom frühen Morgen zu einem Sieger-Hund am Nachmittag liegt.

Im Ehrenring dürfen Hunde präsentiert werden, die in ihrer Rasse einen bedeutenden Titel erringen konnten. Sei dies »Best Puppy«, »Bester Jüngster«, »Bester Junghund«, »Bester Veteran« oder »Bester der Rasse«; es sind begehrte Titel. Um dem Eintritt zahlenden Publikum diese wunderschönen Rassehunde in den verschiedenen Altersklassen vorstellen zu können, werden von Ausstellungsleitungen oft spezielle Wettbewerbe ausgeschrieben, wie »Best Puppy in Show« oder »Bester Jüngster in Show« usw. Ist nun im Rassering Ihr Hund zu einem »Best ...« gekürt worden, so kontrollieren Sie bitte im Katalog oder fragen im Sekretariat nach, ob ein zusätzlicher Wettbewerb stattfindet. Ist dies der Fall, so haben Sie nochmals eine schöne Aufgabe vor sich, die Sie mit kühlem Kopf angehen sollten. Bedenken Sie, dass viele Hunde am Nachmittag müde und leicht überfordert sind. Der Lärm, die Luft, die ungewohnte Umgebung, das Hin und Her der fremden Menschen gehen auch an einem durch und durch normalen, wesensstarken Hund nicht spurlos vorüber. Achten Sie also darauf, dass Ihr Hund Ruhe bekommt und etwas Zeit zum Schlafen oder Dösen findet. Am besten lassen Sie ihn in seine Box liegen und stellen Ihren eigenen Stuhl so davor, dass er vor zu neugierigem Publikum geschützt ist. Vielleicht finden Sie so auch etwas Entspannung. Wecken Sie Ihren »Winner« aber rechtzeitig und planen Sie auch genügend Zeit ein, damit er sein »Geschäft« in Ruhe verrichten kann. Bevor Sie mit ihm in den Ehrenring gerufen werden, würde ich ihm an Ihrer Stelle genügend Wasser geben und nur sehr wenig füttern – gefüllter Bauch macht müde –, aber mit ihm spielen und springen, bis er wieder ganz bei der Sache ist. Wenn Sie dann auch noch sein Haarkleid in Form bringen und ihn mit Schwung und Elan präsentieren, kann eigentlich nichts mehr schief gehen.

Konkurrenten werden diesmal Hunde der verschiedensten Rassen sein, eventuell entsprechend ihrer Gruppenzugehörigkeit unterteilt, die in ihrer Rasse den gleichen Sieger-Titel zugesprochen erhalten haben wie Ihr Hund.

Mit etwas Glück dürfen Sie am Ende der Ausscheidung Ihr Prachtexemplar auf einen Podestplatz heben und später einen »Best in Show«-Pokal mit nach Hause nehmen.

Übrigens

In Top-Form präsentierte Hunde fördern auch das Ansehen der ganzen Rasse.

Bevor es zu den letzten Wettbewerben, dem »Gruppen«- und »Best in Show«-Richten kommt, finden im Ehrenring Rahmenveranstaltungen statt. Anschließend werden die Endausscheidungen der besten Paarklassen und Zuchtgruppen durchgeführt. Die hierfür erforderlichen Voraussetzungen und Kriterien sind im Kapitel »Die verschiedenen Klassen« genau beschrieben. Den Auftakt zum großen Ausstellungs-Finale bildet das FCI-Gruppen-Richten. Hier konkurrieren sämtliche BOB-Hunde einer Gruppe gegeneinander um den Titel »Bester Hund der Gruppe«.

Sind alle zehn »Gruppenbesten« ermittelt worden, bekommt ein schon vorher im Katalog benannter Richter die große Ehre, an einen dieser zehn Sieger den Titel »Bester Hund der Schau« zu vergeben.

Paarklassen-Wettbewerb: Ein harmonischer Auftritt bringt Hunde und Halter dem Sieg ein ganzes Stück näher.

Zuchtgruppen-Wettbewerb: Diese Afghanen werben nicht nur für sich, sondern für die ganze Rasse.

V. Ein paar Überlegungen in eigener Sache

»Grashopper« lässt grüßen

Bestimmt haben Sie, liebe Leserin, lieber Leser gemerkt, dass mein Ton in den letzten Kapiteln etwas direkter und energischer geworden ist. Ich habe versucht, Ihnen nicht nur durch das geschriebene Wort, sondern auch über den Ton zu vermitteln, dass es in der Vorbereitung einer Ausstellung Phasen gibt, in denen Sie zielstrebig aber doch locker handeln dürfen. Ich spreche hierbei besonders die unterschiedlichen Entwicklungsstadien beim Welpen und Junghund und natürlich das Schau-Training an. In dieser Zeit des Aufbau-Trainings wollen Sie Ihren Hund motivieren, etwas mit Freuden zu lernen, Sie wollen erreichen, dass er Sie anhimmelt und Ihnen jeden Gefallen erfüllen möchte, den Sie von ihm erwarten.

Ganz anders ist das in der Phase der letzten Vorbereitungen und am Tag der Ausstellung selbst geartet. Hier geht es zwar auch um Spaß und Freude, aber alles dreht sich um das Erreichen eines angestrebten Ziels. Dabei müssen Sie und Ihr Hund ein Team bilden, damit er sich, seinen guten Qualitäten entsprechend, optimal im Ring präsentieren kann. Aus dem Spiel, welches mehrmals wiederholt werden kann, ist plötzlich und über Nacht Ernst geworden.

In meinem Vorwort schrieb ich, dass Hundeausstellungen Spaß und Freude machen, wenn Aufwand und Nutzen in einem guten Verhältnis stehen; ja, dass Ausstellungen sogar süchtig machen können, wenn der eigene Hund regelmäßig gute Platzierungen erhält. An dieser Aussage hat sich bis zu diesem Zeitpunkt nichts geändert und wird sich auch in Zukunft nichts ändern. Nehmen Sie daher bitte meine Empfehlungen so wie sie gemeint sind: Zielstrebig aber locker in Zeiten des Trainings, bestimmt und seriös bei den letzten Vorbereitungen und am Tag der Schau.

Um meine Anliegen verstehen zu können, möchte ich Ihnen eine kleine Geschichte von meinem Bobtail-Rüden Multi. Champion »Zottels Grashopper« sprich GC, erzählen. GC, er lebt schon seit einigen Jahren im Hundehimmel, ist bis heute für mich der Inbegriff eines cleveren und gerissenen, deshalb gelieb-

»Grashopper«: der perfekte Showman.

ten und unvergessenen Ausstellungshundes geblieben. GC hasste es wie die Pest, an der Leine laufen zu müssen. Bobtail laufen ja nicht weg und er sah keinen Sinn darin, an mich angebunden zu sein. Schlimmer war für ihn nur noch, unbegründet »bei Fuß« laufen zu müssen. Ich kann Ihnen versichern, wir beide trugen manchen Kampf aus: auf dem Flughafen, auf Bahnhöfen und Märkten, eben an den Orten, die ich Ihnen und Ihrem jungen Hund zu besuchen so warm empfohlen habe. Das Ringtraining gestaltete sich dementsprechend. »Steh« war kein Problem, da gab es ja immer die kleinen Fischstükkchen, aber locker im Dreieck laufen? Nein danke. Nun, eines Tages wollte und musste ich es trotz allem auf der ersten Schau mit ihm versuchen. Glauben Sie mir, ich hatte zu der Zeit schon genügend Erfahrung mit meinen anderen Hunden auf Ausstellungen sammeln können, aber diesem Tage fieberte ich, nervös wie noch nie zuvor, entgegen.

Wir kamen am Morgen schon sehr früh auf das Schaugelände. Und zwar wie in meinen schlimmsten Einbildungen. Er vor mir, in der gestreckten Leine hängend und ziehend, ich hinterher, mit der anderen Hand meinen Trimmtisch nachschleifend. Es muss ein schreckliches Bild gewesen sein und meine Laune war dementsprechend. Ich wusste, mein Hund ist schön, sogar sehr schön, seine Bewegungen sind ein absoluter Traum, was mir aber nichts nützen würde, da der Richter, ein Italiener, diese sowieso nicht zu sehen

bekommen würde. Die Lage war wirklich ernst.
GC sollte in der Jugendklasse starten, eine Jüngstenklasse gab es damals noch nicht, sodass die Jugendklasse der Rüden als erste Klasse gerichtet wurde. Langer Rede, kurzer Sinn, GC zog mich im Schweinsgalopp in den Ring und ..., dann geschah etwas, das ich bis heute nicht begriffen habe: In dem Moment, in dem wir den Ring betraten, veränderte sich mein Hund. Plötzlich, als ob ich das Licht angeschaltet hätte, wurde mein »Grashöppel« zum »Show Dog«. Er stand, er lief, er stand wieder und lief und lief und lief, im Kreis, im Dreieck und wieder im Kreis. Ohne auch nur ein einziges Mal an der Ausstellungsleine zu ziehen! Mein Erstaunen war groß aber meine Freude war unbeschreiblich. »Grashopper« wurde an diesem Tag »Bester Hund der Rasse« und als Zugabe noch 3. in der Gruppe 1.
Was war nun eigentlich passiert? Es gibt nur eine Erklärung: GC hatte an meinen Bewegungen und meiner ernsten und konzentrierten Art gemerkt, dass dieser Tag sehr wichtig für mich war. Und er hat das getan, was Freunde doch füreinander tun, er hat mir auf seine Art geholfen, mich gut und wohl zu fühlen.
Übrigens, er hat mich sein Leben lang in jede Ausstellung »reingeschleift«, aber im Ring ist er immer gelaufen wie ein Uhrwerk. Er wurde, auch auf Grund seiner exzellenten Bewegung, vielfacher Champion, Gruppensieger und BIS-Gewinner.

Die Geschwister Momo und Yeoman

Nichts ist unmöglich – wenn man sich Mühe gibt, wenn man am Problem arbeitet, wenn man dies ... und wenn man das ..., das ist immer meine Devise gewesen. Wenn es sich um Ausstellungen handelte, hieß das für mich: Ich habe einen sehr schönen und vielversprechenden Welpen, ziehe ihn sorgfältig auf und gewöhne ihn an die Umwelt, so wie ich Ihnen das weiter vorne in diesem Buch auch empfohlen habe. Im Alter von einigen Monaten beginne ich meinen Junghund an das Ringtraining zu gewöhnen und der Rest wird schon kommen. Der eine Hund hat eine natürliche Begabung sich zu präsentieren, der andere hat es weniger, aber das ist ja nichts Neues. Je nachdem muss man einfach ein bisschen mehr oder weniger trainieren. Diese Rechnung ging immer auf, bis Momo kam und mich lehr-

te, dass eben doch nicht alles möglich ist.
Momo und Yeoman waren schwarze Cockerspaniels. »Petit Yours Alone«, genannt Momo, kam mit zehn Wochen aus Dänemark zu uns. Alles ging ausgezeichnet, sie war ein fröhlicher Welpe, hatte Schabernack in den Augen und verzauberte uns mit ihrem liebenswerten und fröhlichen Wesen. Die Aufzucht unterschied sich in nichts von dem, was ich bis anhin getan hatte und auch das Ringtraining wurde langsam und aufbauend betrieben. Ich war sicher, mein nächster Star hieß Momo! Bis zum Tage der ersten Ausstellung. Momo wollte partout im Ring nicht laufen, es war nichts zu machen, sie trottelte hinter mit her wie eine lahme Ente. Der Richterbericht war super, was meinen Hund im Stand betraf, aber dann kam der Satz: In der Bewegung leider heute nicht zu beurteilen. Punkt, Schluss, aus der Traum, zumindest für diese Ausstellung. Dachte ich. Es kann ja mal vorkommen, redete ich mir ein, dass Momo ganz und gar keine Lust hat, oder dass sie von etwas gestört wurde, oder dass ich einen Fehler – welchen? – gemacht hatte. Ich suchte nach Erklärungen und erfand Ausreden. Am späten Nachmittag verließen wir, eine wieder fröhliche Momo und ich, eine etwas enttäuschte und unzufriedene Ausstellerin, die Schau.
Die nächsten Wochen benutzte ich zum nochmaligen Training, ging mit Momo auf den Flughafen und auf den Markt. Die nächste Schau, an der es besser werden sollte, spukte ja in meinem Hinterkopf. Möchten Sie wissen, wie es weiter ging? An der nächsten Ausstellung, die Momo und ich besuchten, richtete ein bekannter finnischer Allroundrichter. Das Ergebnis war genau das gleiche. Schöne Hündin im Stand, Bewegung nur sehr schwer zu beurteilen. Meine Enttäuschung war natürlich groß. Dieser Richter gab mir den Tipp, meiner schönen Momo doch ein wenig Cognac vor der Schau zu geben; er könne sich vorstellen, dass sie das motivieren würde. Ehrlich gesagt, ich habe es versucht! Mit dem Ergebnis, dass Momo trotzdem im Ring nicht lief. Irgendwann, so nach der zehnten Enttäuschung, musste ich akzeptieren, dass Momo unter keinen Umständen ein »Show-Hund« werden wollte.
Sie blieb ihr Leben lang ein fröhlicher Hund, solange sie nicht an einer Schau teilnehmen sollte, und wurde Mutter von wunderschönen schwarzen und roten Welpen, die in ihrem Leben mehrere Champion-Titel erringen konnten. Auf ihre Art half sie mir, die Qualitäten meiner

Hunde zu verbessern und meinen Zwinger-Namen in der Spaniel-Welt bekannter zu machen.

Momo's Wurfbruder »Petit Yeoman« kam mit 3 1/2 Jahren zu uns. Er liebte Ausstellungen und sich im Ring zu präsentieren, lag ihm im Blut. Manchmal war er so von sich überzogen, dass seine Nase fast bis in den Himmel reichte. Ihn hätte ich im Ring ohne Leine vorführen können, ohne dass er etwas falsch gemacht hätte. Seine Schau-Begabung und seine herausragenden Qualitäten verhalfen ihm zu vielen Siegertiteln, Champion-Titeln und BIS-Siegen. Eigentlich wäre es jetzt nur gerecht, wenn ich schreiben müsste, dass Yeoman für die Zucht nicht sehr geeignet gewesen war. Stimmt aber nicht, seine Nachzuchterfolge waren ausgezeichnet. Er war für mich einfach ein doppelter Glücksfall.

Sollten Sie also eines Tages zu der Erkenntnis kommen, dass Ihr vierbeiniger Freund, Ihr wunderbarer Begleiter und verständnisvoller Zuhörer, sich für Schauen nicht eignet, so denken Sie bitte an meine Momo und dass es andere Sachen im Leben gibt, die auch noch sehr wichtig sind.

Kleiner Knigge für Aussteller

Hundeausstellungen sind Schönheitsausstellungen, und Schönheit ist, wie wir alle wissen, nicht messbar wie Hoch- oder Weitsprung.

Ausstellungsrichter sind sorgfältig ausgebildete Kynologen und richten im Ring nach bestem Wissen und Gewissen. Sie haben aber, wie das beim Beurteilen von Schönheit unumgänglich ist, einen gewissen Spielraum. Die Richter gewichten einzelne Punkte des Rassestandards, der ja für alle Richter verbindlich ist, nicht immer 100%ig gleich. Ein Richter misst z.B. der korrekten Bewegung mehr Bedeutung bei als dem exzellenten Haarkleid, da er sich sagt: »Ein Hund ist ein Lauftier und muss sich in erster Linie bewegen können«. Ein anderer Richter, wir sprechen von Bobtail-Richtern, sagt: »Ja, ein Hund muss sich bewegen können, aber wenn er nicht das erwünschte Haarkleid hat, wird er bei starkem Regen nass bis auf die Haut, erkältet sich und kann daraufhin nicht mehr den ganzen Tag Schafe hüten.« Beides ist richtig, beide Richter haben Recht mit ihrer Interpretation des Standards. Dies bedeutet letztlich, dass manchmal der eine Hund gewinnt und manchmal der andere, je nach Prioritäten des Richters, nach Tagesform und Kondition des Hundes. Sind Sie heute der glückliche Besitzer des Gewinners, bedeutet es nicht, dass Sie es auf der nächsten Ausstellung auch wieder sind. Hat Ihr Hund nun den ersten Platz erhalten, werden Sie sich berechtigter Weise sehr freuen und von diesem Richter den besten Eindruck haben. Von einem anderen Richter aber, der Ihren Hund an einer nächsten Schau nicht platziert, werden Sie nicht so begeistert sein. Auch dies ist verständlich, lassen Sie sich aber bitte nie dazu hinreißen, diese Meinung öffentlich zu äußern. Sie werden sonst schnell als »schlechter Verlierer« Karriere machen. In England zum Beispiel werden bösartige Kommentare über die Entscheide eines Richters zum Anlass genommen, den Aussteller von Schauen auszuschließen.

Nur einer kann gewinnen, ob sich die anderen aber als Verlierer fühlen, hängt davon ab, mit welcher Einstellung sie in den Ring gehen. Sie können Ausstellungen als sportlichen Wettbewerb und als züchterische Standortbestimmung betrachten. Sie können jedoch auch das eigene Selbstwertgefühl zu steigern versuchen. Wer von dieser Motivation beseelt ist, hat gute Chancen, zum hoffnungslosen Dauerverlierer zu werden.

Manchmal ist es nicht ganz einfach, dem Gewinner, oder den vor dem eigenen Hund platzierten Ausstellern zu gratulieren. Persönliche Animositäten spielen hier eine große Rolle. Und trotzdem: Seien Sie ein guter Aussteller, seien Sie auch ein fairer Aussteller, gönnen Sie dem Gewinner und den Platzierten den Triumph und gratulieren Sie ihnen dazu. Bedenken Sie immer:

- Sie kommen freiwillig zur Ausstellung.
- Ein Richterurteil ist unanfechtbar.
- Die Zeit Ihres Hundes wird kommen.
- Gewinnen ist sooo einfach ...
- Ihr Hund hat sich während des Tages auf der Schau nicht verändert. Er ist immer noch der gleiche Freund, den Sie am Morgen mitbrachten.
- Der Richter sieht es vielleicht etwas anders, aber in Wahrheit gehört Ihnen der beste, schönste, liebste und feinste Hund.

Warten ... auf das Ende der Schau

Als Aussteller verpflichteten Sie sich mit Ihrer Unterschrift auf den Meldeunterlagen, die Ausstellung nicht vor einer bestimmten Uhrzeit zu verlassen. Diese Vorschrift

besteht auf fast allen großen Schauen.
Später am Tage eintreffende Zuschauer kommen in erster Linie, um über Hunde der unterschiedlichsten Rassen Informationen zu erhalten, und wären zu Recht enttäuscht, wenn sie vor vielen leeren Boxen stünden. Eltern zeigen ihren Kindern gern die stattfindenden Attraktionen. Und natürlich kommen viele generell an Rasse-Hunden interessierte Besucher. Allen gemeinsam ist, dass sie Eintritt zahlen und damit zum guten Gelingen der Schau beitragen.
Sollten Sie wirklich einmal einen triftigen Grund haben, die Schau frühzeitig verlassen zu müssen, so erfahren Sie im Sekretariat ob dies möglich ist und zu welchem Preis.
Wenn Sie noch nicht viele Freunde und Bekannte an Ausstellungen treffen, mit denen Sie gemeinsame Interessen haben, machen Sie es doch so, wie ich es früher immer getan habe: Gehen Sie nach dem Ende des Richtens »shoppen«. Nirgendwo ist die auf den Hund bezogene Auswahl so groß wie an Ausstellungen. Sie finden die letzten Neuigkeiten, aber auch ausgesuchte Antiquitäten. Seit einigen Jahren kommen regelmäßig englische Händler auf unsere Schauen und bringen seltene oder bereits vergriffene Rasse-Bücher, alte Stiche, Schmuck, Bilder und Figuren mit. Falls Sie eine schöne Brosche suchen mit einer tollen Darstellung Ihrer Lieblingsrasse, werden Sie sie sicher bei einem bekannten holländischen Händler – er ist Goldschmied und hat ein Auge für Hunde – finden. Futtermittelfirmen haben an diesen Tagen spezielle Aktionen und geben außerdem einen Ausstellungs-Rabatt.
Falls Sie am Nachmittag schon alles gesehen haben, kann ich Ihnen die Attraktionen im Ehrenring oder die Agility-Vorführungen und Wettkämpfe empfehlen.
Finden auch die nicht Ihren Zuspruch, können Sie an die noch besetzten Ringe gehen, und den Ausstellern anderer Rassen zuschauen. Sie können dabei viel lernen. Einem Profi zuzuschauen, wie er mit seinem Hund umgeht, wie er ihn motiviert, was für Probleme entstehen und wie sie gemeistert werden, ist hochinteressant und hilft, die eigenen Vorführprobleme in den Griff zu bekommen.
Auf keinen Fall sollten Sie das Gruppenrichten verpassen. Oft höre ich von Hundebesitzern, dass das gar nicht interessant sei, denn die Lieblingsrasse komme in den Ehrenring und kurze Zeit später sei sie auch schon wieder draußen. Kann sein, dass es so passiert. Aber die anderen Rassen, kennen Sie die

wirklich alle? Ich persönlich lerne immer wieder gern seltene Rassen kennen und die beste Möglichkeit hierfür besteht nun mal am Gruppenring.

Als letzten Anlass des Tages können Sie das »Best in Show«-Richten verfolgen. Steht eines Tages Ihr eigener Hund auf dem obersten Podestplatz, werden Sie das damit verbundene Glücksgefühl und die flatternden Schmetterlinge im Bauch nie mehr vergessen. Kommen Sie nach der Ausstellung noch gut nach Hause; vielleicht sehen wir uns ja auf der nächsten Schau.

»Best in Show«: der schönste Hund der Ausstellung – und alle sind zufrieden.

VI. Das Ausstellungswesen und seine Regeln

Die Geschichte der Hundeausstellungen

Niemand wird überrascht sein, zu hören, dass – wenn man den Historikern glauben darf – die ersten Hundeausstellungen in England durchgeführt wurden. In der Mitte des 19. Jahrhunderts suchten wohlhabende Bürger neue, interessante und lehrreiche Zeitvertreibe. Der Ausbau des englischen Eisenbahnnetzes war schon sehr weit fortgeschritten und ermöglichte das für damalige Zeiten recht behagliche Reisen im ganzen Land. Die verschiedensten Arten von Ausstellungen, heute würde man sie Messen nennen, waren somit einem breiten Publikum zugänglich gemacht worden.

Auch Hunde spielten in England schon damals eine sehr große Rolle. Als flinke und ausdauernde Jagdhelfer, als Treiber von Schlachtvieh, als Hüter der großen Schafherden, als treue Wächter für Haus und Hof oder als »Zeitvertreib« für adlige Damen und Kinder fanden sie in allen Gesellschaftsschichten ihren Platz.

Daraus entstand auch bald der Wunsch, reinrassige Hunde zu präsentieren bzw. im Wettstreit gegeneinander bewerten zu lassen. Auf Anregung von Mr. R. Brailsford wurde die erste Hundeausstellung beim Rathaus von Newcastle-on-Tyne am 28. und 29. Juni 1859 von den Herren Shorthose und Page organisiert. In dem heute noch existierenden Katalog waren 60 Pointer und Setter eingeschrieben. Weitere Ausstellungen folgten, organisiert von Büchsenmachern, die gleichzeitig für ihre eigenen Erzeugnisse Werbung machen konnten, und auch Gastwirten, die ihre Wirtsstuben zur Verfügung stellten. Als Preise wurden ähnlich wie heute Gewerbeprodukte, Pokale und sogar Geld gestiftet.

Im Jahre 1870 kamen einige der Hundeliebhaber dann zu dem Entschluss, ein Kontrollorgan, verantwortlich für alle kynologischen Belange als verbindliche Dachorganisation, zu gründen.

Bis zur endgültigen Gründung des Landesverbandes »THE KENNEL CLUB« am 4. April 1873 in London vergingen aber doch nochmals drei Jahre. Danach fanden in den verschiedenen Landesteilen mehr

Impression einer Schweizer Ausstellung aus dem Jahre 1914.

oder weniger regelmäßig Hundeausstellungen statt, oft in Zusammenhang mit Landwirtschaftsausstellungen, bei denen Geflügel, Schafe, verschiedene Milch- und Fleisch-Viehrassen oder Maschinen gezeigt wurden.

Es wird berichtet, dass bis Ende des 19. Jahrhunderts diese Schauen schon so gut organisiert waren, dass Mitglieder der königlichen Familie regelmäßig ihre eigenen Hunde vorführten. Erstaunlicherweise war fast die Hälfte der Aussteller Frauen.

Hundeausstellungen wurden nicht zuletzt durch die Begeisterung der königlichen Familie auch für Züchter immer populärer und die Anzahl gemeldeter Hunde stieg von Jahr zu Jahr.

Das Meldegeld pro Hund war äußerst gering und deshalb leider nicht immer kostendeckend. Um nun auch Eintritt zahlendes Publikum anzulocken und zu begeistern, organisierte man spezielle Rahmenprogramme für diese neue Freizeitbeschäftigung, und der Kennel Club erstellte Regeln, die teilweise heute noch verbindlich sind.

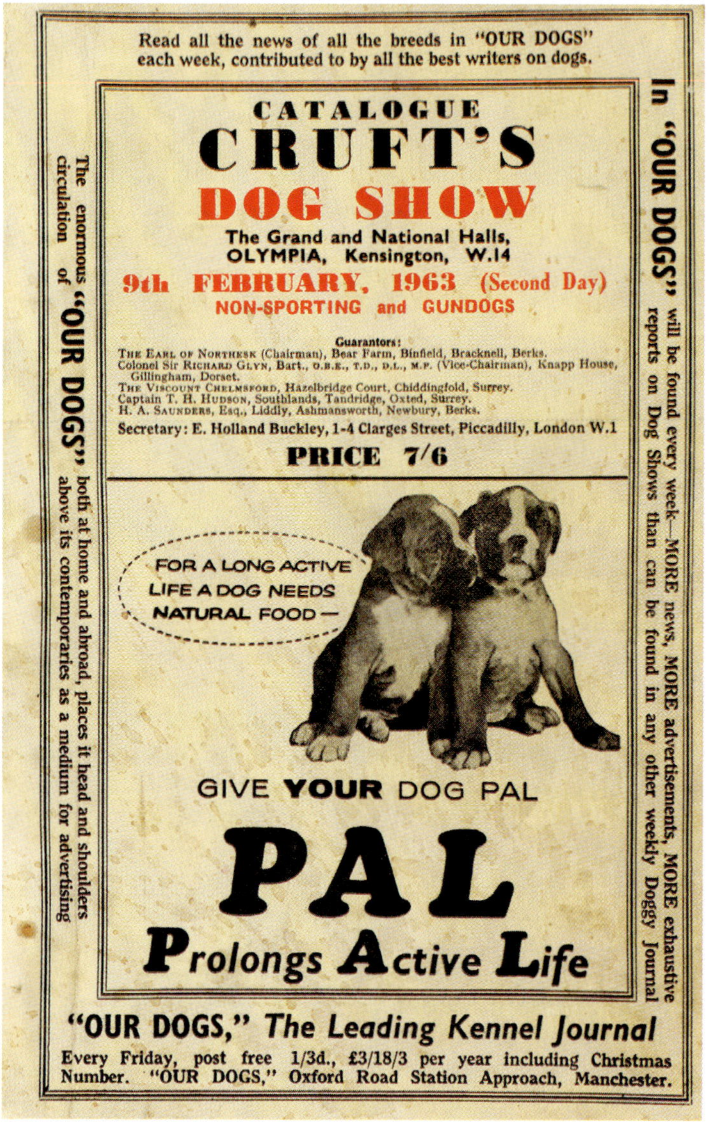

Gilt auch heute noch: »Mit dem selbst gezüchteten Hund ›Crufts‹ zu gewinnen, ist mehr als ein Sechser im Lotto.«

Crufts Dog Show

Um die Jahrhundertwende durften Privatpersonen noch Ausstellungen organisieren um damit Geld zu verdienen. Von dieser attraktiven Möglichkeit machte Charles Cruft, ein junger, organisatorisch sehr talentierter Angestellter der »dog cakes« produzierenden Firma von James Spratt aus Holborn bei London Gebrauch und veranstaltete 1891 seine erste Ausstellung in der Royal Agriculture Hall in Islington. Diese nach ihrem Gründer benannte »Crufts Dog Show« fand jedes Jahr in London statt und wechselte erst 1991 zum 100-jährigen Jubiläum aus Platzgründen vom Londoner Earls Court nach Birmingham ins National Exhibition Centre. Zur »Crufts«, wie sie von Ausstellern, Züchtern und Zuschauern weltweit liebevoll genannt wird, werden im Jahr 2001 an vier Tagen etwa 24.000 Hunde erwartet. Da die Quarantäne-Bestimmungen im Februar 2000 für England aufgehoben wurden, dürfen seitdem auch Hunde vom Kontinent und Übersee an dieser so prestigeträchtigen Ausstellung teilnehmen.

Hunde-Liebhaber, Züchter und Aussteller aus aller Welt treffen sich jedes Jahr wieder zur »Crufts«, um die englischen Hunde im Ausstellungsring zu sehen, aber auch um Freunde und Bekannte zu treffen, mit ihnen über Zucht und Nachzucht zu diskutieren, und um an den vielen Verkaufsständen die besten und schönsten Neuigkeiten vom Hundebett bis zur Porzellanfigur, vom Lederhalsband bis zum Ölbild erwerben zu können. »Crufts« ist weltweit die Hundeausstellung schlechthin und der Ausspruch: »Mit dem selbst gezüchteten Hund »Crufts« zu gewinnen ist mehr als ein Sechser im Lotto!«, besteht nicht zu Unrecht.

Die Entwicklung auf dem Kontinent

Zur gleichen Zeit wie in England entwickelte sich auch auf dem Kontinent die Rassehunde-Reinzucht und dementsprechend wurden Ausstellungen gefördert. Landesverbände, die als Dachorganisation System in die Hundezucht und das Ausstellungswesen bringen sollten und vor allen Dingen von allen Züchtern und Ausstellern als verbindliche Ansprechpartner respektiert werden konnten, mussten gegründet werden.

So entstand 1876 die Kynologische Gesellschaft in Wien und 1893 der Österreichische Hundezuchtverein. In der Schweiz konnten Aussteller 1881 in Fluntern bei Zürich erstmals ihre Hunde einer Jury vorstel-

len und die Schweizerische Kynologische Gesellschaft besteht seit 1883. Der Ungarische Kynologenverband wurde1899 gegründet und der Niederländische Raad van Beheer 1901.
Im deutschen Hamburg fand 1863 erstmals eine siebentägige Hundeausstellung statt. Es folgten weitere Ausstellungen 1869 in Altona und 1876 wiederum in Hamburg. Ebenfalls 1876 wurde in Berlin der »Erste allgemeine kynologische Verein Hektor« aus der Taufe gehoben. Verschiedene, teilweise durch politische Wirren in Deutschland bedingte Umbenennungen dieses Vereins folgten, bis am 11. Juni 1949 der Gründung des VDH (Verband für das Deutsche Hundewesen) nichts mehr im Wege stand.
In Frankreich wurde die erste große Hundeausstellung 1893 durchgeführt. Aber schon lange vorher, im Jahr 1878, konnten auf einer Gewerbeausstellung in Paris unter anderem auch Hunde bewundert werden.
Durch die Gründung der Fédération Cynologique Internationale (F.C.I.) 1911 erhielten die verschiedenen Landesverbände eine Dachorganisation, deren Sitz in Belgien ist. Die F.C.I. ist heute unter anderem für die international gültigen Ausstellungsreglemente und die Homologierung verschiedener Schönheits- und Arbeitstitel verantwortlich.

Mini-Wörterbuch

Um Ihnen den Einstieg in dieses eher technische Kapitel zu erleichtern, hilft Ihnen dieses Mini-Wörterbuch, das Prozedere des Ausstellungswesens besser zu verstehen:

Allrounder - Allroundrichter: Richter, der für *alle* anerkannten Rassen qualifiziert ist
Best Puppy in Show: Bester Puppy der Schau (3 bis 6 Monate)
Best Youngster in Show: Bester Jüngster der Schau (6 bis 9 Monate)
Best Junior in Show: Bester Junghund der Schau (9 bis 18 Monate)
Best Veteran in Show: Bester Veteran der Schau (ab 8 Jahre)
BIS, Best in Show: Bester Hund der Schau
BOB, Best of Breed: Bester Hund der Rasse
BOS, Best Opposite Sex: Bester Hund des anderen Geschlechts
CAC, Certificat d'Aptitude au Championnat National de Beauté: Anwartschaft auf das nationale Schönheitschampionat
CACIB, Certificat d'Aptitude au Championnat International de Beauté:

Anwartschaft auf das internationale Schönheitschampionat
CACIB-Reserve, Réserve du Certificat d'aptitude au Championnat International de Beauté: Reserve-Anwartschaft auf das internationale Schönheitschampionat
CAC-Reserve, Réserve du Certificat d'Aptitude au Championnat national: Reserve-Anwartschaft auf das nationale Schönheitschampionat
Gruppenrichter: Richter, der für *alle Rassen einer bestimmten Gruppe* qualifiziert ist
Junior-Handling: Vorführung durch Kinder und Jugendliche
Kryptorchid: Ein- oder beidseitiger Hodenhochstand
Monorchid: Einhodigkeit

FCI: Fédération Canine Internationale
ÖKV: Österreichischer Kynologen Verband
VDH: Verband für das Deutsche Hundewesen e.V.
SKG: Schweizerische Kynologische Gesellschaft

Die verschiedenen Ausstellungen und Schauen

Die Ausstellungs-Szene lebt von der Vielfalt ihrer Veranstaltungen. Riesengroße, mehrtägige Schauen wechseln sich mit kleinen Anlässen ab. Als Austragungsorte eignen sich Messehallen und Säle ebenso gut wie kleine Sporthallen und flache, gut gemähte Rasenanlagen.
Rassehundeclubs organisieren **Spezialzucht-** und **Clubschauen** die vom Landesverband genehmigt werden müssen, wenn die Anwartschaft auf einen nationalen Championtitel, CAC, vergeben werden soll. Bei diesen Schauen werden nur vom Club betreute Rassen ausgestellt. So finden Sie auf einer Spezialzuchtschau des Dalmatiner Clubs nur Dalmatiner, dafür aber in wesentlich größerer Anzahl als z.B. auf einer Internationalen Schau. Wird von einem Club wie z.B. dem Retriever Club eine Schau organisiert, so werden hier alle verschiedenen Retriever-Arten ausgestellt.
Für Ausstellungs-Neulinge sind diese Schauen besonders geeignet, um mit dem eigenen Hund erste Erfahrungen zu sammeln. Die Atmosphäre ist meistens familiär, freundlich und locker, zudem ist der Zeitplan nicht so enorm gestrafft wie dies bei einer großen Internationalen Schau immer der Fall ist. Als Richter werden meistens langjährige und erfahrene Rasse-Spezialisten eingeladen; Sie haben genügend Zeit und helfen speziell ungeübten Ausstellern gern.
Nationale Ausstellungen werden

für Hunde verschiedener Rassen und **Allgemeine Rassehundezuchtschauen** für Hunde aller Rassen organisiert. Sie müssen vom Landesverband genehmigt werden und dürfen im Freien oder in Hallen ausgetragen werden. Der nationale Titel, das CAC, wird für alle anwesenden Rassen vergeben.

Internationale Hunde-Ausstellungen werden für Hunde aller Rassen organisiert. Sie finden immer in geschützten Hallen statt, außerdem müssen die Hunde mehrheitlich in Boxen untergebracht werden. »Internationale« werden lange im Voraus vom jeweiligen Landesverband und von der F.C.I. genehmigt, der Termin wird geschützt, sodass im Umkreis von 300 km am gleichen Wochenende keine weitere Internationale Schau durchgeführt werden darf. Vergeben werden immer Anwartschaften für den internationalen Titel, CACIB und den nationalen Titel, CAC.

Bundessieger-, Europasieger- und Weltsieger-Titel sind prestigeträchtige Eintagestitel, die bei internationalen Ausstellungen vergeben werden dürfen. Diese speziellen Ausstellungen werden von der F.C.I. an Landesverbände vergeben.

In Dortmund findet jährlich eine vom VDH organisierte **Bundessieger-** und eine **Europasieger-Ausstellung** statt. An diesen internationalen Schauen werden die prestigeträchtigen Titel Bundessieger und Bundesjugendsieger bzw. Europasieger und Europajugendsieger vergeben. Bundessieger- und Europasieger-Titel berechtigen in Deutschland zur Meldung in der Championklasse.

Die **F.C.I.-Europasieger-Ausstellung** wird ebenso wie die **Weltsieger-Ausstellung** von der F.C.I. an Mitgliederstaaten vergeben.

Von ganz anderer Art, deshalb aber nicht weniger wichtig, sind die **Zuchtschauen, Pfostenschauen** und **Ankörungen**. Hier geht es nicht um den schönsten Hund der jeweiligen Rasse, sonder um die Formwert-Beurteilung und die Zuchtbewilligung. Schauen dieser Art werden von den Rasse-Clubs organisiert und sind nicht bewilligungspflichtig.

Gemeinsam ist allen Ausstellungen und Schauen, dass nur ein gut gepflegter, bestens präsentierter und dem Standard in hohem Masse entsprechender Hund eine ausgezeichnete Platzierung erreichen kann.

Was Sie sonst noch wissen sollten

- Die Abstammungsnachweise der

gemeldeten Hunde, die Leistungsurkunde bei Gebrauchshunden sowie die Nachweise über Siegertitel sind bei allen Schauen auf Anforderung vorzulegen.

- Jede Art von »double handling«, d.h. der Versuch oder die Durchführung einer Beeinflussung des zu bewertenden Hundes von außerhalb des Ringes ist verboten. Bei Zuwiderhandlung können die betreffenden Hunde von der Bewertung ausgeschlossen werden.
- Für alle in der Schweiz stattfindenden Ausstellungen gilt: Hunde, deren Ohren nach dem 1. Juli 1988 in der Schweiz kupiert wurden, dürfen nicht ausgestellt werden. Das Gleiche gilt für Hunde mit kupierter Rute. Hier ist das Stichdatum der 1. Juli 1997.
- In Deutschland sind Bestrebungen im Gange, kupierte Hunde generell von der Teilnahme an Ausstellungen auszuschließen. Erkundigen Sie sich bitte gegebenenfalls beim VDH oder bei der jeweiligen Ausstellungsleitung nach den aktuellen Verordnungen.

Die FCI-Gruppen

Alle bis heute von der F.C.I. anerkannten ca. 350 Rassen sind in 10 verschiedene Gruppen, ihren Verwendungszwecken und Arbeitsmöglichkeiten entsprechend, eingeteilt. Diese Gruppeneinteilung ist für alle der FCI angehörenden Landesverbände verbindlich. Einfach ausgedrückt heißt dies: Wenn Sie mit Ihrem Hund – z.B. einem Retriever – eine Ausstellung in Deutschland besuchen möchten, wird Ihr Hund in der Gruppe 8 bei den Retrievern eingeschrieben und von einem Rassespezialisten oder einem Richter der Gruppe 8 gerichtet. Das Gleiche geschieht, wenn Sie in Spanien, Griechenland, Israel oder Brasilien ausstellen möchten.

England und die USA sind nicht der FCI angeschlossen. Die Einteilung der ca.150 anerkannten Rassen ist auf sieben Gruppen verteilt.

Gruppe 1: Hüte- und Treibhunde (ausgenommen Schweizer Sennenhunde)

In dieser Gruppe sind die verschiedenen Hüte- und Schäferhunde eingeteilt. Der Deutsche Schäferhund als weltweit bekannteste Hunderasse ebenso wie die verschiedenen Belgischen Schäferhunde, der englische Bobtail, der polnische Owczarek Nizinny, der ungarische Komondor und der kleine belgische Schipperke gehören hier auch dazu.

Bergamsker beeindrucken durch ihr zottiges Fell (FCI-Gruppe 1)

Neufundländer sind großartige Familienhunde (FCI-Gruppe 2).

Ebenfalls in der Gruppe 1 findet man den Australian Cattle Dog und den Bouvier des Flandres.
Insgesamt sind in der Gruppe 1 derzeit 43 verschiedene Rassen integriert.

Gruppe 2: Pinscher und Schnauzer – Molosser und Schweizer Sennenhunde
Hier finden Sie den Dobermann, den Pinscher und natürlich den kleinen Zwergpinscher. Auch der Riesenschnauzer, der Mittel- und der Zwergschnauzer gehören zu dieser Gruppe. Zu den molossoiden Typen gehören der Boxer, die Dogge und auch der Rottweiler. Der Mastino Napoletano und die Englische Bulldogge gehören mit dem Neufundländer, dem Leonberger, den Schweizer Rassen Bernhardiner, Appenzeller -, Berner-, Entlebucher- und Großen Schweizer Sennenhund ebenfalls in die total 52 Rassen umfassende Gruppe.

Gruppe 3: Terrier
In dieser Gruppe sind nur Terrier versammelt, dafür aber alle 31 Rassen. Hochläufige wie der Airedale-, der Bedlington-, der Kerry Blue-, der Border- oder der Fox Terrier. Niederläufige Terrier werden durch Cairn-, Scottish-, Norfolk- und Norwich-, den langgebauten Skye- und den allseits bekannten West Highland White Terrier kurz »Westi« genannt, repräsentiert. Aber auch der Bull Terrier der Staffordshire Bullterrier und der American Staffordshire Terrier gehören ebenso zur Terriergruppe wie der kleine Yorkshire Terrier.

Gruppe 4: Dachshunde
Die Gruppe der Dachshunde oder Dackel umfasst die drei unterschiedlichen Größen und drei verschiedene Haararten. Es gibt Dachshunde in Standardgröße, Zwerg-Dachshunde und Kaninchen-Dachshunde. Bei den Haarqualitäten handelt es sich um Kurzhaar, Langhaar und Rauhaar.

Gruppe 5: Spitze und Hunde vom Urtyp (57 verschiedene Rassen)
Zu dieser Gruppe zählen die nordischen Schlittenhunde Samojede, Alaskan Malamute und Siberian Husky, die nordischen Jagdhunde Laïka, verschiedene Elchhunde und der Karelische Bärenhund. Als Wach- und Hütehunde werden Islandhund, norwegischer Buhund, schwedischer und finnischer Lapphund bezeichnet.
Zu den europäischen Spitzen gehören Wolfspitz, Mittel-, Klein- und Zwergspitz und der italienische Volpino Italiano. Chow Chow und Eurasier gehören zu den asiatischen Spitzen ebenso wie der aus Japan

stammende Akita Inu, Shiba Inu, Kai und Japan-Spitz.
Zu den Urtyp-Hunden gehören die Canaan Dog, die Pharaonenhunde sowie die mexikanischen und peruanischen Nackthunde und die aus Zentralafrika stammenden Basenji.

Gruppe 6: Laufhunde, Schweißhunde und verwandte Rassen
In diese riesige Gruppe, sie umfasst zur Zeit 75 Rassen, sind die verschiedensten Laufhunde, welche zur Jagd gebraucht werden, eingeteilt. Dazu gehören der Chien de Saint-Hubert aus Belgien auch als Bloodhound bekannt, die große Anzahl unterschiedlichster Rassen aus Frankreich wie der dreifarbige Laufhund, der weiß-schwarze Laufhund, der große Bleu de Gascogne und natürlich der Grand - und der Petit Basset Griffon Vendéen. Der Otterhound aus England ist ebenso in dieser Gruppe wie der Harrier. Auch die Schweizer Laufhunde und die österreichischen Bracken befinden sich hier. Als verwandte Rassen werden Dalmatiner und Rhodesian Ridgeback bezeichnet.

Gruppe 7: Vorstehhunde (37 verschiedenen Rassen)
In dieser Gruppe finden Sie nur Jagdhunde, die auch heute noch zur Jagd gebraucht werden, und zwar die verschiedenen Vorstehhunde aus Deutschland, Frankreich, Italien, Slowakei, Tschechien und Ungarn. Ebenfalls in der Gruppe 7 sind die wunderschönen und eleganten Setter und Pointer aus England und Irland.

Gruppe 8: Apportierhunde, Stöberhunde, Wasserhunde (20 verschiedene Rassen)
Auch in dieser Gruppe befinden sich hauptsächlich Rassen, welche heute noch zur Jagd verwendet werden oder zumindest könnten. Die verschiedenen Retriever-Arten Golden-, Labrador-, Flat Coated-, Curly-Coated-, Chesapeake Bay- und Nova Scotia Duck Tolling-Retriever sind seit jeher gute und leistungsfähige Jagdhunde. Heute werden sie wegen ihres ausgezeichneten Temperaments und ihrer ruhige Art allerdings ebenso oft für Rettungsarbeiten oder im Blindenhundewesen eingesetzt. Die acht verschiedenen Spaniel-Rassen, English Cocker-, American Cocker-, English Springer-, Welsh Springer-, Sussex-, Field-, Clumber- und Irish Water-Spaniel werden nur noch von wenigen Besitzern jagdlich gefördert. Obwohl in diesen Hunden nach wie vor die jagdliche Passion erhalten ist, eignen sie sich doch ausgezeichnet als Familienhunde.

An Ausstellungen gefällt besonders der attraktive American Cocker Spaniel mit seinem spektakulären Haarkleid.

Gruppe 9: Gesellschafts- und Begleithunde (33 Rassen)

Diese Gruppe wird sehr zu Unrecht von eingefleischten »Gebrauchshunde-Typen« belächelt. Kaum jemand weiß nämlich, dass die Rasse der Pekingesen schon während der Mandschu-Dynastie (Beginn 1644) beschrieben und gezüchtet wurde.

An Zwerghunde werden andere Anforderungen gestellt als an Gebrauchshunde. Zwerghunde, im alten China auch Ärmel-Hunde (da sie im Ärmel getragen werden konnten) genannt, sollten klein sein, um unter einem tiefen Tisch genügend Platz zu finden oder auf einem seidenen Kissen zu liegen. Sie sollten kleine kurze Spaziergänge unternehmen können, wie es für

Dreamteam: Der Mops zählt zu den Gesellschafts- und Begleithunden.

die damalige Zeit üblich war.
Heute sind, auch auf Grund der städtischen Wohnverhältnisse, Mops, Lhasa Apso, Shih Tsu, Tibet-Spaniel, Tibet-Terrier, Chihuahua oder Papillon als kleine oft furchtlose Familienhunde sehr beliebt.
In Gruppe 9 finden Sie auch die beliebten, in Farbe und Größe unterschiedlichen Pudel.

Gruppe 10: Windhunde
Es gibt 12 anerkannte Windhundrassen. Zu den langhaarigen oder befederten Rassen gehören der Afghane aus Afghanistan, der Saluki aus dem Mittleren Osten und der Barzoi aus Russland.
Als rauhaarigen Windhund bezeichnet man den Irischen Wolfshund (die größte Rasse überhaupt) und den schottischen Deerhound.
Kurzhaarig sind der Greyhound, der Whippet, der Magyar Agar, der Galgo Espanol, das italienische Windspiel, der arabische Sloughi und der aus Mali stammende Azawakh.

Die verschiedenen Klassen

Puppy
In der Puppy-Klasse können nur Hunde gemeldet werden, die **nicht jünger als 3 Monate** und **nicht älter als 6 Monate** sind. Diese Klasse gibt es nur auf so genannten Puppy- und Clubschauen.

Jüngstenklasse
An nationalen und internationalen Ausstellungen beginnt die Klasseneinteilung mit der Jüngstenklasse, die für Hunde von **6 bis 9 Monaten** offen steht.

Jugendklasse
Die Jugendklasse ist für Hunde im Alter von **9 bis 18 Monaten.**

Offene Klasse
Sobald Ihr Hund **15 Monate** alt ist, haben Sie aber die Auswahl und können ihn anstatt in der Jugendklasse in der **Offenen Klasse** melden. Dies empfiehlt sich aber nur, wenn Ihr Hund einem ausgewachsenen Konkurrenten in der Entwicklung nicht mehr nachsteht. Oft ist dies bei kurzhaarigen Rassen der Fall. Bei sehr langhaarigen und auch bei großen Rassen, welche für die Entwicklung des Körpers und der Knochen Zeit brauchen, ist es eher selten, dass ein junger Hund in der Offenen Klasse Siegeschancen hat. Wollen Sie Ihren Hund nun in der Offenen Klasse melden, klären Sie dies mit dem Züchter oder einem guten Kenner der Rasse vorgängig ab. Es ist keine Schande, einen 17 Monate alten Hund in der Jugendklasse auszustellen. Speziell

wenn Sie und Ihr Hund noch keine große Ausstellungserfahrung haben, kann dies von Vorteil sein. In der Jugendklasse wird nicht weniger genau gerichtet als in der Offenen Klasse, aber der Richter weiß, dass junge Hunde oft noch nicht das geforderte Ringtraining haben und sich manchmal wie »junge Hunde« benehmen.

Zwischenklasse
In einigen Ländern besteht seit kurzer Zeit auch die Zwischenklasse für Hunde **unter 24 Monaten.** Diese Klasse gibt jungen, noch nicht ganz fertig entwickelten Hunden die Möglichkeit, unter Gleichaltrigen zu konkurrieren. Speziell Hunde großer oder sehr langhaariger Rassen werden davon profitieren können, wenn sie nicht mit vier- bis fünf-jährigen Hunden, die in allen Teilen fertig entwickelt sind und sich im besten Alter befinden, verglichen werden müssen.

Championklasse
Sie steht Hunden offen, die einen **bestätigten Championtitel** haben. In der Schweiz sind dies nationale und internationale Titel. In Deutschland kann mit einem »Europasieger«-, »Weltsieger«- oder »Bundessieger«-Titel in der Championklasse gestartet werden.

Gebrauchshundeklasse
Für Hunde, die eine Arbeits- oder Jagdprüfung bestanden haben und dies mit einer offiziellen Bestätigung nachweisen können, steht die Gebrauchshundeklasse offen.

Hors-concours-Klasse – Ehrenklasse
In die Hors-concours-Klasse (außer Konkurrenz) werden ebenso wie in die Ehrenklasse erfolgreiche Hunde gemeldet, die nicht mehr mit anderen Hunden konkurrieren sollen. Diese Hunde werden oft gemeldet, um dann in der Paarklasse, Zuchtgruppe oder Nachzuchtgruppe gezeigt werden zu können. Diese Hunde werden bewertet, jedoch nicht platziert.

Veteranenklasse
Die Veteranenklasse steht Hunden offen, die am Tage vor der Schau das **8. Lebensjahr vollendet** haben. Es wird nach dem Standard gerichtet. Abgesehen davon wird besonders auf die Gesamtkonstitution und den Pflegezustand geachtet. Für den besten Veteranen jeder Rasse wird auf vielen großen Ausstellungen eine Endkonkurrenz für den »besten Veteranen der Ausstellung« organisiert.
Im Weiteren gibt es die Paarklassen- und die Zuchtgruppen-Konkurrenz an denen das »Beste Paar«

und die »Beste Zuchtgruppe« der Ausstellung ermittelt werden.

Paarklassen

Eine Paarklasse besteht aus einem Rüden und einer Hündin gleicher Rasse, die Eigentum eines Ausstellers sein müssen. Gesucht wird das idealtypische Paar. An deutschen Schauen müssen beide Hunde am gleichen Tag in der Einzelbewertung mindestens die Formwertnote »Gut« erhalten oder in der Ehrenklasse ausgestellt worden sein. Auf den meisten Schauen wird die Meldung bis 12.00 Uhr im Sekretariat entgegengenommen. Der Richter bewertet ein Paar in erster Linie auf die Homogenität in Bezug auf Gebäudeformen, Ausdruck und Fellfarbe, wobei der Rüde sich in Knochenstärke und Größe von der Hündin positiv unterscheiden soll.

Sind Sie Besitzer eines Rüden und einer Hündin, so dürfen Sie Ihre beiden natürlich auch in dieser Konkurrenz vorstellen. Vorzugsweise präsentieren Sie zwei gleichfarbige Hunde und lassen an einer kurzen Koppel den Rüden rechts von der Hündin laufen. Dies ermöglicht es dem Richter sofort zu erkennen, dass Sie einen maskulinen Rüden und eine feminine Hündin ausstellen. Ist Ihre Hündin aber größer gewachsen als Ihr Rüde, so würde ich sie rechts vom Rüden vorführen.

Zuchtgruppen

Zuchtgruppen bestehen aus mindestens drei Hunden eines Züchters (gleiche Rasse, gleicher Zuchtname), ungeachtet, ob sich die Hunde in seinem Eigentum befinden oder nicht.

An deutschen Schauen müssen sie, wie in der Paarklasse, am gleichen Tag bei der Einzelbewertung mindestens die Formwertnote »Gut« erhalten haben oder in der Ehrenklasse ausgestellt worden sein. Meldungen werden auch hierfür analog der Paarklasse angenommen.

Sollte der Züchter Ihres Hundes an einer Ausstellung fragen, ob Sie Ihren Hund in der von ihm gemeldeten Zuchtgruppe vorführen würden, schlagen Sie ihm diese Bitte nicht ab. Es ist für einen Züchter nicht immer einfach, eine möglichst homogene, in Größe und Farbe einheitliche Zuchtgruppe zusammenzustellen. Denken Sie nur an die Farbenvielfalt, in denen Deutschen Doggen, English Cocke Spaniel oder Pudel (um nur einige Rassen zu nennen) gezüchtet werden und es demzufolge nicht sehr oft vorkommt, dass drei gleichfarbige Hunde an ein und derselben Schau gemeldet sind.

Der Zuchtgruppen-Wettstreit ist beim Publikum sehr beliebt, da immer mindestens drei Tiere der gleichen Rasse vorgeführt werden. Manche Züchter besorgen sogar einheitliche Bekleidung für alle in der Zuchtgruppe mitlaufenden Vorführer. Wenn beispielsweise fünf schwarze Neufundländer von fünf Damen und/oder Herren in roten Hemden vorgeführt werden, sieht dies schon sehr eindrucksvoll aus.

Die Formwerte und ihre offizielle Bedeutung

Am Ende des Richterberichtes erhält jeder Hund vom Richter eine Qualifikation, einen Formwert. Hierbei handelt es sich um ein Vorzüglich, Sehr Gut, Gut, Genügend oder Ungenügend. Lediglich in den Puppy- und Jüngstenklasse werden die Formwerte Vielversprechend, Versprechend oder Wenig Versprechend vergeben.
Da diese Formwerte als einzelne Worte nur wenig aussagen, habe ich Ihnen die offiziellen Bedeutungen hier notiert. Sie werden Ihnen sicher einen genaueren Eindruck vermitteln.

- Ein **Vorzüglich** (V) wird vergeben für Hunde, die den Kriterien des Rassestandards in nahezu idealer Weise entsprechen, in ausgezeichneter Verfassung vorgeführt werden und ein rassetypisches Verhalten/Wesen zeigen.

- Ein **Sehr gut** (SG) erhalten Hunde von harmonischer Gesamterscheinung, welche die rassetypischen Merkmale hinsichtlich Formwert und Verhalten/Wesen in hohem Masse zeigen und in sehr guter Verfassung vorgeführt werden. Einzelne kleinere Fehler lassen jedoch die Bewertung »V« nicht zu.

- Ein **Gut** (G) erhalten Hunde, die in den Hauptmerkmalen dem Rassestandard hinreichend entsprechen, mehrere kleinere oder einzelne erhebliche Fehler aufweisen und/oder nicht in der erwünschten Verfassung vorgeführt werden.

- Ein **Genügend** (Gen) erhalten Hunde, die den Rassekennzeichen des Standards nicht mehr ausreichend entsprechen und /oder deren körperliche und/oder wesensmäßige Verfassung mangelhaft ist.

- Ein **Ungenügend** (Ungen.) betrifft Hunde, die dem Rassestandard nicht mehr entsprechen, gesundheitsschädigende Formwertfehler und/oder gravierende Wesensmängel aufweisen.

Formwerte der Puppy- und Jüngstenklasse
In diesen beiden Klassen dürfen Hunde starten die 3–6 Monate oder 6–9 Monate alt sind.

- Ein **Vielversprechend** (VV) erhalten Hunde, die vorzügliche rassetypische Merkmale aufweisen und in sehr guter Verfassung vorgeführt werden.
- Ein **Versprechend** (Vsp) erhalten Hunde, die den rassetypischen Merkmalen weitgehend entsprechen, in guter Verfassung vorgeführt werden, jedoch Mängel aufweisen, die eine Bewertung »VV« nicht rechtfertigen.
- Ein **Nicht entsprechend** (Ne) erhalten Hunde, die den rassetypischen Merkmalen nicht entsprechen und/oder gesundheitsschädigende anatomische Deformationen aufweisen.

Platzierungen

Es werden in jeder Klasse die vier besten Hunde auf die Plätze 1 bis 4 bewertet, sofern sie mit »vorzüglich« oder »sehr gut« bewertet wurden. In der Jüngstenklasse werden die vier besten Hunde platziert, sofern sie mit »vielversprechend« oder »versprechend« bewertet wurden. Einzelne, das heißt in der Klasse ohne Konkurrenz ausgestellte Hunde, werden platziert.

Siegertitel

Puppy-, Jüngsten-, Jugend- und Veteranen-Sieger
Diesen Titel erhalten nur Hunde zugesprochen, die mit der höchstmöglichen Formwertnote »1« beurteilt wurden.

Vergabe des CAC
In Deutschland wird das CAC bzw. CAC.Reserve in der Offenen Klasse, der Gebrauchsklasse und der Championklasse getrennt vergeben. In der Schweiz gilt die Regel, dass das CAC und CACIB bzw. CAC-Reserve und CACIB-Reserve nicht getrennt vergeben werden. Ausgenommen sind Rassen, z.B. Pudel und Cocker Spaniel, an welche zusätzliche CAC vergeben werden. *Übrigens:* Ein Richter ist nicht verpflichtet, das CAC und CAC-Reserve zu vergeben. Das CAC-Reserve darf jedoch nur vergeben werden, wenn auch das CAC vergeben wurde.

Vergabe des CACIB
Für die Vergabe des CACIB haben die mit »vorzüglich 1« bewerteten

Rüden bzw. Hündinnen der Offenen Klasse, der Gebrauchsklasse und der Championklasse gemeinsam im Ring zu erscheinen. Der Richter wählt unter diesen Hunden den überragenden Rüden bzw. die überragende Hündin aus und vergibt ihm bzw. ihr das CACIB.

Übrigens Der Richter ist nicht verpflichtet, das CACIB und CACIB-Reserve zu vergeben. Das CACIB-Reserve darf jedoch nur vergeben werden, wenn auch das CACIB vergeben wurde.

Vergabe des CACIB-Reserve

Für die Vergabe des CACIB-Reserve verbleiben, mit Ausnahme des CACIB-Gewinners, die übrigen Rüden bzw. Hündinnen im Ring. Zusätzlich wird der mit »vorzüglich 2« bewertete Rüde, bzw. die mit »vorzüglich 2« bewertete Hündin aus derjenigen Klasse, in welcher CACIB vergeben wurde, in den Ring geholt. Der Richter wählt unter diesen Rüden bzw. Hündinnen den besten Rüden bzw. die beste Hündin aus und vergibt ihm bzw. ihr das CACIB-Reserve, sofern dieser Rüde bzw. diese Hündin ebenfalls überragend ist und der Richter ihm bzw. ihr bei Abwesenheit des CACIB-Rüden bzw. CACIB-Hündin das CACIB vergeben hätte.

Der CACIB-Reserve-Hund kann aufrücken und auch das CACIB bestätigt bekommen, wenn er am Ausstellungstage mindestens 15 Monat alt war und überprüft wurde, dass der in Vorschlag gebrachte CACIB-Hund an diesem Ausstellungstage bereits den Titel »Internationaler Schönheits-Champion« **von der FCI zuerkannt** bekommen hatte.

Ebenfalls kann der Reserve-CACIB-Hund aufrücken, wenn der CACIB-Hund am Tage der Ausstellung noch nicht 15 Monate alt war oder sonstige Bedingungen nicht erfüllt hatte.

Über die endgültige Zuerkennung des CACIB und des Titels »Internationaler Schönheits-Champion« entscheidet die FCI nach geltenden Bestimmungen.

Übertragung des CAC auf den CAC-Reserve-Hund

- Hat ein Hund im zeitlichen Zwischenraum von mehr als 366 Tagen die nötige Anzahl CAC erhalten und werden ihm weitere CAC vergeben, so werden diese, unabhängig davon, ob die Homologierung des Titels »Schweizer Schönheits-Champion« bereits erfolgt oder noch ausstehend ist, durch die Geschäftsstelle der SKG im Nachhinein auf den CAC-Reserve-Hund übertragen. Das CAC-Reserve verfällt in diesem Fall, d.h. es wird auf keinen anderen Hund überschrieben. Der Eigentümer des CAC-Reserve-Hundes wird durch die Geschäftsstelle der SKG schriftlich informiert.

- Gesuche zur Homologierung des Titels sind spätestens innerhalb von zwölf Monaten nach Erfüllung der Anforderungen an die Geschäftsstelle der SKG zu richten. Beizulegen sind:
- eine Kopie der Abstammungsurkunde,
- die erforderlichen drei (3) CAC-Ausweiskarten,
- ggf. den Nachweis über erfüllte Bedingungen.

Die Geschäftsstelle der SKG hat die Erfüllung allfälliger besonderer Bedingungen durch den Rasseklub bestätigen zu lassen.

Die Rahmenprogramme

Junior-Handling

Seit etlichen Jahren findet auf großen aber auch auf kleinen Ausstellungen »Junior-Handling« statt und dieses Buch wäre unvollständig, würde ich Sie nicht gebührend darauf aufmerksam machen.

Das englische Wort »handling« bedeutet »Handhabung, Führung« und wird im Zusammenhang mit Hundeausstellungen als Übersetzung für »Vorführen« gebraucht. »Junior-Handling« ist daher gleichzusetzen mit: »Vorführwettbewerb für Jugendliche«.

Das Junior-Handling hat seinen Ursprung in den USA, wo seit vielen Jahren die meisten an Ausstellungen teilnehmenden Hunde von professionellen »Handlern« vorgeführt werden. Über England kam das Junior-Handling nach Europa und hat heute in der Kynologie einen großen Stellenwert. Wenn Sie einmal am Ring gestanden haben und zusehen durften, mit welcher Professionalität und auf welch hohem Niveau Kinder und Jugendliche Hunde, welche oft nicht in ihrem Besitz sind, vorführen, werden Sie erkennen, wie viel Arbeit hinter dem Junior-Handling steckt.

Agility

Das Ursprungsland dieser in den letzten Jahren zum aktiven Sport für Hundehalter aller Altersklassen herangewachsenen Disziplin ist England.

Agility (»Behändigkeit auf sechs

Sie sollten sich das Rahmenprogramm bei Ausstellungen nicht entgehen lassen _ z.B. Vorführungen im Junior-Handling ...

Beinen«), erfreut sich bei Jung und Alt größter Beliebtheit und verbindet Führer und Hund zu einem Gespann, bei dem nicht nur Schnelligkeit und Sprungkraft sondern auch Spiel, Spaß, Vertrauen, Genauigkeit und Sicherheit im Vordergrund stehen. Der Parcours besteht aus verschiedenen Hindernissen, die vom Hund auf Anweisung des Führers durchlaufen bzw. übersprungen werden müssen. Auf großen Schauen werden Wettkämpfe ausgetragen, die Sie sich, wann immer möglich, ansehen sollten.

Obedience

Obedience ist ebenfalls eine Disziplin, die sich je länger je mehr bei uns etabliert. Unterordnung wird auf spielerische Art gelernt und bis zur Wettkampfstärke perfektioniert. Eine Prüfung besteht aus zehn verschiedenen Übungen wie z.B. »Fuß laufen«, »Freiablegen« und »Apportieren«. Zuschauern imponiert die große Verbundenheit zwischen »Hund und Herrn«.

Andere Demonstrationen im Ehrenring

Hütehunde zeigen zum Beispiel ihre Passion beim Hüten und Treiben von Gänsen oder Schafen. Ausgebildete Behindertenhunde demonstrieren auf eindrückliche Weise, wie ein Hund nicht nur zum Freund, sondern auch zum uneingeschränkt loyalen Helfer wird.
Ohne Rettungshunde wäre eine Suche nach verschütteten Menschen in Erdbebengebieten oft nicht möglich. Ihnen beim Training zuschauen zu dürfen, ist ein Erlebnis besonderer Art.

... oder im Gänsetreiben.

Ich wünsche Ihnen und Ihrem treuen Freund auf dem gemeinsamen Ausstellungswerdegang viele neue Eindrücke und Erfahrungen, Ausdauer und Nervenstärke, freundliche aber konsequente Richter, neue Freunde und viel Erfolg, zu dem dieses Buch hoffentlich etwas dazu beitragen kann.

Adressen

Auskunft, Terminkalender und Meldepapiere für nationale und internationale Ausstellungen erhalten Sie bei den folgenden Landesverbänden.

Deutschland
Verband für das Deutsche Hundewesen e.V. (VDH)
Westfalendamm 174
D-44141 Dortmund
Tel.: (0049) (0) 231-565000
Fax.: (0049) (0) 231-592440
Internet: *http://www.vdh.de*
E-Mail: *info@vdh.de*

Österreich
Österreichischer Kynologenverband (ÖKV)
Johann-Teufel-Gasse 8
1230 Wien
Tel.: (0043) (0) 1-8887092 oder (0043) (0) 1-8887093
Fax.: (0043) (0) 1-8892621
Internet: *http://www.oekv.at*
E-Mail: *office@oekv.at*

Schweiz
Schweizerische Kynologische Gesellschaft (SKG)
Länggassstrasse 8
Postfach 8217
CH-3001 Bern
Tel.: (0041) 31-3066262
Fax.: (0041) 31-3066260
Internet: *http://www.hundeweb.org*
E-mail: *skg-scs@bluewin.ch*

Literaturnachweis

- Beyersdorf, Peter Dr.: Dein Hund auf Ausstellungen, Berlin.
- Peper, Elke: Gutes Handling, Mürlenbach/Eifel
- VDH Zuchtschauordnung
- Ausführungsbestimmungen zum Reglement der SKG für Hundeausstellungen (AR)

Rund um den Hund

Gina Barth-Muth
Feindbild Hund und Halter
In ihrem engagierten Buch setzt sich Gina Barth-Muth mit der neuen Hundefeindlichkeit auseinander und hilft Hundehaltern, sich sachlich dagegen zu wehren.
96 Seiten, 33 Farbbilder **Best.-Nr. 41371**

Diese nützliche Ratgeber-Reihe aus dem Müller Rüschlikon Verlag ist bestimmt für alle Hundefreunde und solche, die es einmal werden wollen. Jeder »Ratgeber rund um den Hund« behandelt ein Thema. Erfahrene Kynologen beraten bei Kauf und Haftung, bei Erziehung, Aufzucht und Pflege, lösen Probleme zwischen Hund und Mensch und zeigen die vielfältigen Sparten des Hundesports.

Iren Rohrer
Jugend und Hund
Dieser Ratgeber soll Jugendlichen den Einstieg in den Hundesport ermöglichen und sie zum Lernen des Hundeführens animieren.
96 Seiten, 62 Bilder, davon 40 in Farbe, 22 Zeichnungen **Best.-Nr. 41356**

Gabriele Niepel
So wird mein Hund zum Freund
Wozu sich ein Hund von Veranlagung und Wesenszügen her am besten eignet und wie Sie als Mensch-Hund-Team die verschiedensten Anforderungen bewältigen können.
96 Seiten, 35 Farbbilder
Best.-Nr. 41357

Jeder »Ratgeber rund um den Hund« kostet DM 14,80/sFr 14,80/öS 108,–

Ihr Verlag für Hunde-Bücher
Gewerbestraße 10, CH-6330 Cham
Postfach 4161, CH-6304 Zug
Telefon ++41(0)41 740 30 40
Telefax ++41(0)41 741 71 15

Müller Rüschlikon

Stand März 2001 / Änderungen in Preis und Lieferfähigkeit vorbehalten